Clean and Natural

いつもの服、きれいな服

大川友美

contents

A *flared pullover* ... p.04
   フレアプルオーバー

B *ribbon skirt - linen gauze* ... p.05
   リボンスカート

C *tucked dress* ... p.06
   タックドレス

D *balloon sleeves dress* ... p.07
   バルーンスリーブドレス

E *peplum pullover* ... p.08
   ペプラムプルオーバー

F *boat neck pullover* ... p.09
   ボートネックプルオーバー

G *key neck pullover* ... p.10
   キーネックプルオーバー

H *frill collar pullover* ... p.11
   フリルカラープルオーバー

I *crew neck robe* ... p.12
   クルーネックローブ

J *high waist robe* ... p.13
   ハイウエストローブ

K *key neck robe - check* ... p.14
   キーネックローブ

L *tapered pants - linen* ... p.16
   テーパードパンツ

M *kimono sleeves pullover - linen* ... p.19
   キモノスリーブプルオーバー

N *key neck robe - silk/cotton* ... p.20
   キーネックローブ

O *straight pants* ... p.21
   ストレートパンツ

P *ribbon skirt - linen plain* ... p.22
   リボンスカート

Q *tapered pants - polka dots* ... p.23
   テーパードパンツ

R *boat neck tunic* ... p.24
   ボートネックチュニック

S *balloon sleeves pullover* ... p.25
   バルーンスリーブプルオーバー

T *all in one* ... p.26
   オールインワン

U *sarouel pants* ... p.28
   サルエルパンツ

V *tartan tunic* ... p.29
   タータンチュニック

W *flared dress* ... p.30
   フレアドレス

X *kimono sleeves pullover - wool* ... p.31
   キモノスリーブプルオーバー

Y *hooded coat* ... p.32
   フーデッドコート

Z *long flared coat* ... p.34
   ロングフレアコート

how to make ... p.35

item list

毎日をリラックスして過ごすためのデイリーな服と
いつもよりおめかししたいときのシックな服。
ワードローブの幅が広がります。

★の数は製作の難易度を表わしています

A ★☆☆
how to make … p.36

B ★☆☆
how to make … p.42

C ★★☆
how to make … p.60

D ★★☆
how to make … p.41

E ★★☆
how to make … p.68

F ★★☆
how to make … p.54

G ★★☆
how to make … p.47

H ★★★
how to make … p.78

I ★★★
how to make … p.70

J ★★★
how to make … p.83

K ★★☆
how to make … p.50

L ★★☆
how to make … p.52

M ★☆☆
how to make … p.58

N ★★☆
how to make … p.50

O ★☆☆
how to make … p.44

P ★☆☆
how to make … p.42

Q ★★☆
how to make … p.52

R ★★☆
how to make … p.56

S ★★☆
how to make … p.39

T ★★★
how to make … p.63

U ★☆☆
how to make … p.46

V ★★☆
how to make … p.81

W ★☆☆
how to make … p.38

X ★☆☆
how to make … p.58

Y ★★☆
how to make … p.75

Z ★★☆
how to make … p.72

A
flared pullover

フレアプルオーバー

涼しげなレース生地で作ったプルオーバーは、
胸もとの切替え下から自然なAラインのフレアが入ります。
丈を長くすればワンピースにも。

丈違い ... p.30 *N*
how to make ... p.36

B
ribbon skirt - linen gauze
リボンスカート

初心者の人でも作りやすい直線縫いのスカート。
ウエストは楽なゴムで、
脇につけたリボンを好きな位置で結びます。

生地違い … p.22
how to make … p.42

C
tucked dress

タックドレス

きれいなVネックあきのワンピース。
かぶって着られるので着脱しやすく、
ハイウエストの位置に入ったタックが
スタイルよく見せてくれます。

how to make ... p.60

D
balloon sleeves dress
バルーンスリーブドレス

デイリーからちょっとおしゃれしたいときまでこの一枚で
スタイリングが完成するワンピース。丈を短くすればブラウスにも。

丈違い ... **p.25** *S*
how to make ... **p.41**

E

peplum pullover
ペプラムプルオーバー

ウエストにゴムのギャザーの入ったデザイン。
ドロップショルダーで
ゆったりとしたサイジングです。
how to make … p.68

F
boat neck pullover
ボートネックプルオーバー

袖口の折返しや裾のスリットがアクセントになったプルオーバー。
すっきり見えるボートネックは共布でくるむ仕様で
カジュアル感のある仕上り。
袖、丈違い … p.24 R
how to make … p.54

G
key neck pullover
キーネックプルオーバー

7分袖のドルマンスリーブは、袖口に入ったギャザーが優しい雰囲気。
身頃にもギャザーを寄せ、ゆったりとした着心地。丈をのばせばワンピースにもなります。

丈違い … p.14 *K*、p.20 *N*
how to make … p.47

H
frill collar pullover
フリルカラープルオーバー

衿に少しだけフリルを加えたプルオーバー。
リネンのローンで洗いざらし感を楽しんで。

デザイン違い ... p.13 J、p.29 V
how to make ... p.78

I
crew neck robe
クルーネックローブ

歩くたびに裾がきれいに揺れる心地よいスカート。ウエストは通したひもを
シェープしたり、ゆったりさせたり、結びぐあいで調整ができます。
インナーにシャツやカットソーなど合わせて重ね着も楽しい一枚。

how to make ... p.70

J
high waist robe
ハイウエストローブ

顔回りをすっきり見せてくれるスリットあきに、
華奢な台衿をつけたワンピース。
スカートはタックをとり、ほどよくゆとりがあります。

デザイン違い ... p.11 *H*、p.29 *V*
how to make ... p.83

K
key neck robe - check
キーネックローブ

袖の長さ、丈違い ... p.10 G、生地違い ... p.20 N
how to make ... p.50

Gと基本パターンは同じで丈を延長し、
長袖にしたワンピース。
ウエストを共生地で作ったひもでマークして、
大人っぽい印象に。

L
tapered pants - linen

テーパードパンツ

ももから裾に向かって細くなったアンクル丈のテーパードパンツ。
ウエストゴムのイージータイプで深めの股上は
安心感のあるはき心地。布を替えてボトムの定番に。

生地違い ... p.23 Q
how to make ... p.52

M
kimono sleeves pullover - linen
キモノスリーブプルオーバー

さわやかなリネンのガーゼで
袖口がゆったりしたリラックスできる一着。
前から後ろへ一枚でつながっているパターンで
作りやすさも魅力です。

生地違い ... p.31 *l*
how to make ... p.58

N
key neck robe - silk/cotton
キーネックローブ

繊細なシルク・コットンの生地で作ったワンピース。
K と同じパターンを使い、ひもをはずしてフェミニンに仕立てました。
袖の長さ、丈違い … p.10 G、生地違い … p.14 K
how to make … p.50

o
straight pants
ストレートパンツ

太すぎず細すぎないストレートシルエット。
シンプルな形でシーズンに関係なく愛用できてデイリーに活躍します。
ウエストはゴムテープとひもで調整して。
how to make … p.44

p
ribbon skirt - linen plain
リボンスカート

リネンならではの風合いを醸し出すスカート。
きれいな色で作ればコーディネートの主役に。
リボンをウエストにくるりと回して結べば
サッシュベルトを巻いたような着こなしにもできます。

生地違い ... p.05 $\mathcal{B}$
how to make ... p.42

Q
tapered pants – polka dots
テーパードパンツ

シックなポルカドットプリントをベースに、ウエストにコットン・シルクを組み合わせて。トップをインしてウエストを見せてもかわいい。

生地違い ... p.16 *L*
how to make ... p.52

R
boat neck tunic
ボートネックチュニック

張りのあるリネンに配色ステッチを入れて
カジュアルに仕立てたチュニック。

袖、丈違い … p.09 F
how to make … p.56

S
balloon sleeves pullover
バルーンスリーブプルオーバー

Dの着丈を短くアレンジ。
ざっくりしたリネン生地だから
合わせるボトムによってカジュアルにも
きれいめにも幅広く活躍します。
丈違い ... p.07 D
how to make ... p.39

T
all in one
オールインワン

クルーネックがトラッドな雰囲気のオールインワン。
足もとはフラットシューズでもパンプスでも
かわいく見えるよう短めのパンツ丈にしました。
how to make ... p.63

後ろはコンシールファスナーをつけて
ウエストにゴムテープを通し
バックスタイルもすっきり仕立てます。

u
sarouel pants

サルエルパンツ

股上を深くして、裾に向かって細くした
テーパードシルエット。
柔らかな生地で作るとすっきりと仕上がります。
how to make … p.46

v
tartan tunic
タータンチュニック

大きめの胸ポケットがポイントのチュニック。
シンプルだからこそ着たときの
シルエットや着心地も考えた一枚。
デザイン違い ... p.11 *h*、p.13 *j*
how to make ... p.81

W
flared dress
フレアドレス

落ち感のあるジャージー生地で
贅沢にフレアを入れたリトルブラックドレス。
コンパクトな肩で全体をバランスよくまとめました。
リネンの布帛生地にしてもすてき。

丈違い ... p.04 A
how to make ... p.38

X
kimono sleeves pullover - wool
キモノスリーブプルオーバー

Mと同じパターンをウォーム感のあるウールガーゼで。
鮮やかな色で作れば冬のコーディネートのポイントに。

生地違い ... p.19 M
how to make ... p.58

y
hooded coat
フーデッドコート

軽さが魅力の圧縮ニットで
たっぷりとしたフードが暖かいコート。
ウールやコットンなどの布帛生地でも作れます。
how to make ... p.75

身頃は厚手のインナーも合わせられるよう
自然な裾広がりです。

z
long flared coat
ロングフレアコート

一見普通のノーカラーなのに、クルーネックとVネックの
組合せがおもしろいロングフレアコート。
ボタンのないはおりタイプは作りやすく、裾のフレアも引き立ちます。

how to make ... p.72

how to make

≠ サイズの選び方

付録の実物大パターンはフリーサイズのほか、S・M／L・LLの2サイズ展開、S／M／L／LLの4サイズ展開しているアイテムがあります。サイズ表を参考に、自分に近い寸法のサイズを選んでください。各作り方ページに記載している出来上り寸法は、自分に合うサイズを選ぶ際の参考にしてください。着丈は各サイズ共通です。

サイズ表(ヌード寸法)　　　　　　　　　　　　　単位cm

	S	M	L	LL
身長	160	160	160	160
バスト	79	83	87	91
ウエスト	60	64	68	72
ヒップ	86	90	94	98

○ どれも、ゆったりとリラックス感のあるデザインなので、同じサイズでも着る人の身長やスタイルなどによって違う雰囲気が楽しめます。

出来上り寸法

〈トップ〉
a　着丈
b　バスト

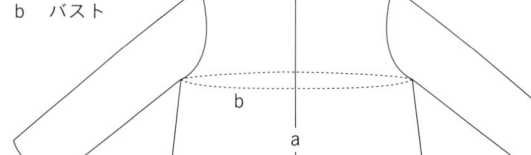

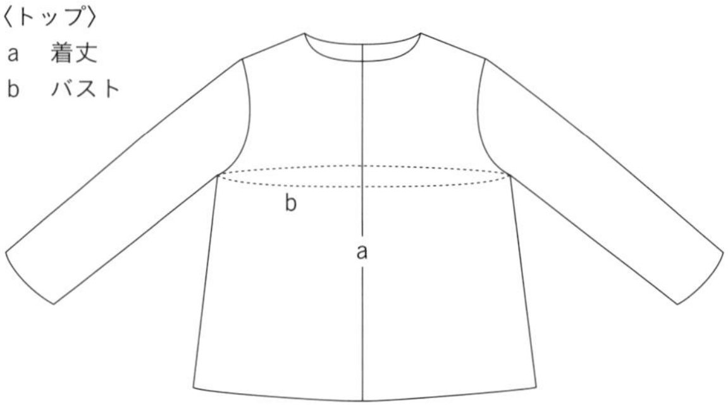

〈ボトム〉
c　ウエスト
d　ヒップ
e　パンツ丈
　　スカート丈

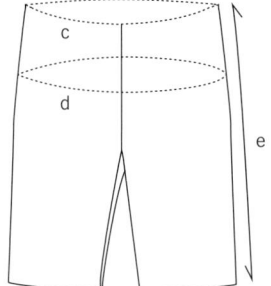

≠ 実物大パターンの使い方

実物大パターンは、ハトロン紙などの透ける紙に定規を使って正確に写し取ります。パターンの写し取る線をマーカーペンや色鉛筆などでなぞっておくとわかりやすいです。布目線や合い印、ポケットつけ位置なども忘れずに写しましょう。

縫い代のつけ方

各作り方ページの裁合せ図に記した縫い代寸法を、パターンの周囲に出来上り線と平行につけて縫い代つきのパターンを作ります。それを布に重ねて、パターンどおりに裁断します。

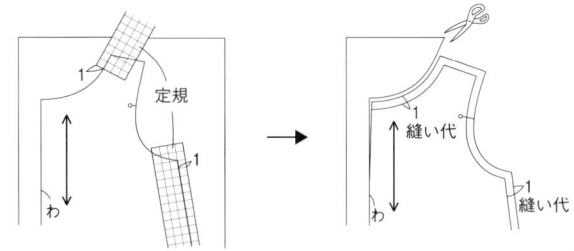

— 角 —

縫い合わせた後の縫い代を倒す方向に合わせて角度を変え、出来上りの状態と同じになるようにつけます。肩、脇の縫い代を後ろ側に倒す場合は、後ろ身頃の出来上り線にそってつけます。

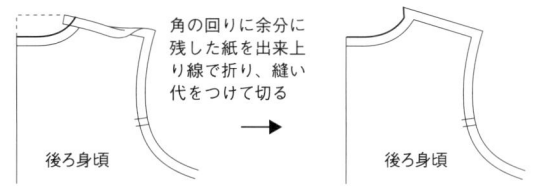

丈の変え方

着丈や袖丈は、好みで調整してください。

○ 長くする場合はパターンの裾線（または袖口線）から平行に、長くしたい寸法(●)を足します。

○ 短くする場合はパターンの裾線（または袖口線）から平行に、短くしたい寸法(▲)を切ります。

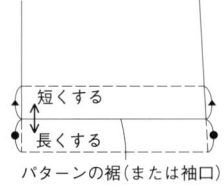

≠ 布の下準備

作品の多くに使用しているリネンは洗濯すると縮むものもあるので、布は用尺より多めに用意します。裁断前には必ず水通しをして、あらかじめ縮めておきます。
※水通し…布を半日ほど水に浸けて洗濯機で軽く脱水し、干して生乾きのうちに布目を整えながらアイロンをかけます。

A
flared pullover

フレアプルオーバー

★☆☆ p.04

≠出来上り寸法
S・M＝バスト98cm、着丈55.7cm
L・LL＝バスト102cm、着丈55.7cm

≠パターン … 1（表）

≠材料
表布 綿麻スラブ サークルレース（布もよう）＝108cm幅 1m60cm
別布 布帛のコットン＝50×50cm

≠裁ち方のポイント
○ 衿ぐりバイアス布は、裁合せ図に示した寸法で裁断します。

≠作り方順序
1) 肩を縫う。
2) 衿ぐりを始末する。→p.59 1)
3) 袖口を始末する。三つ折りにしてステッチをかける。
4) 前後身頃とヨークを縫い合わせる。
5) 脇を縫う。
6) 裾を始末する。三つ折りにしてステッチをかける。
7) 袖下の縫い代をとめる。

≠裁合せ図

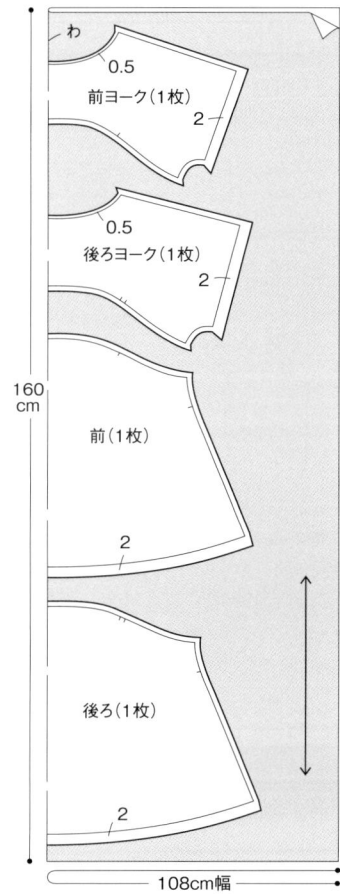

≠作り方順序

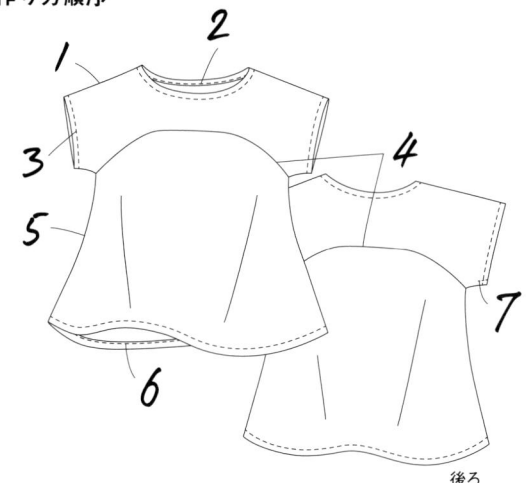

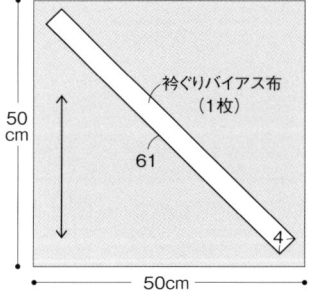

1）肩を縫う

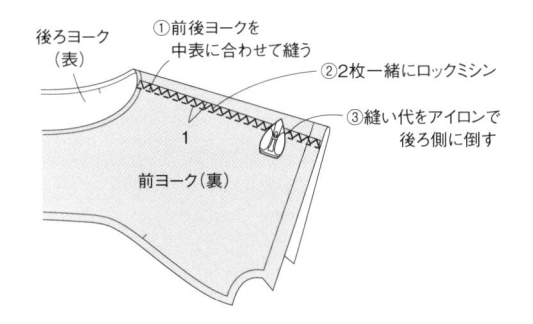

- 後ろヨーク（表）
- ①前後ヨークを中表に合わせて縫う
- ②2枚一緒にロックミシン
- ③縫い代をアイロンで後ろ側に倒す
- 前ヨーク（裏）

3）袖口を始末する

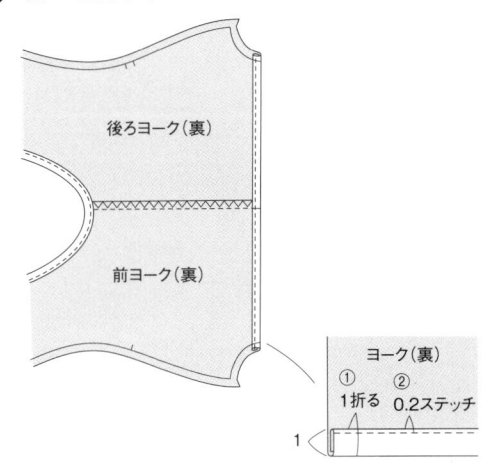

- 後ろヨーク（裏）
- 前ヨーク（裏）
- ヨーク（裏）
- ①1折る
- ②0.2ステッチ

4）前後身頃とヨークを縫い合わせる

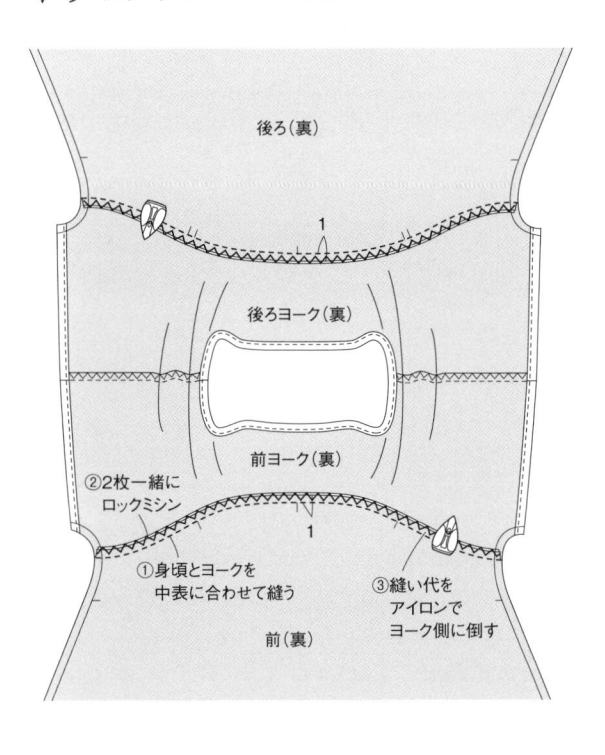

- 後ろ（裏）
- 後ろヨーク（裏）
- 前ヨーク（裏）
- ②2枚一緒にロックミシン
- ①身頃とヨークを中表に合わせて縫う
- ③縫い代をアイロンでヨーク側に倒す
- 前（裏）

5）脇を縫う

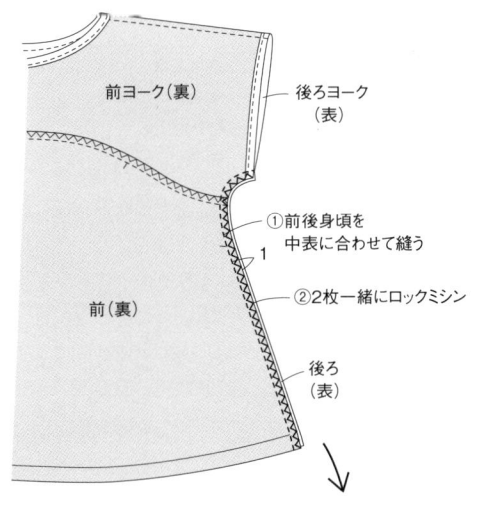

- 前ヨーク（裏）
- 後ろヨーク（表）
- ①前後身頃を中表に合わせて縫う
- ②2枚一緒にロックミシン
- 前（裏）
- 後ろ（表）

- 前ヨーク（裏）
- 後ろヨーク（表）
- ③縫い代をアイロンで後ろ側に倒す
- 前（裏）
- 後ろ（裏）

6）裾を始末する

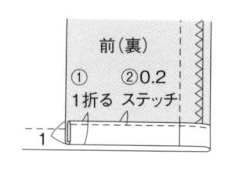

- 前（裏）
- ①1折る
- ②0.2ステッチ

7）袖下の縫い代をとめる

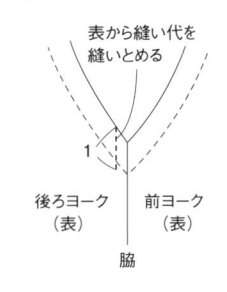

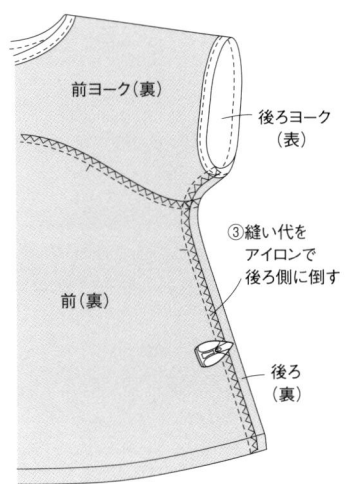

- 表から縫い代を縫いとめる
- 後ろヨーク（表）
- 前ヨーク（表）
- 脇

W
flared dress
フレアドレス

★☆☆
p.30

出来上り寸法
- S・M＝バスト98cm、着丈94.2cm
- L・LL＝バスト102cm、着丈94.2cm

パターン … 1（表）

裁合せ図

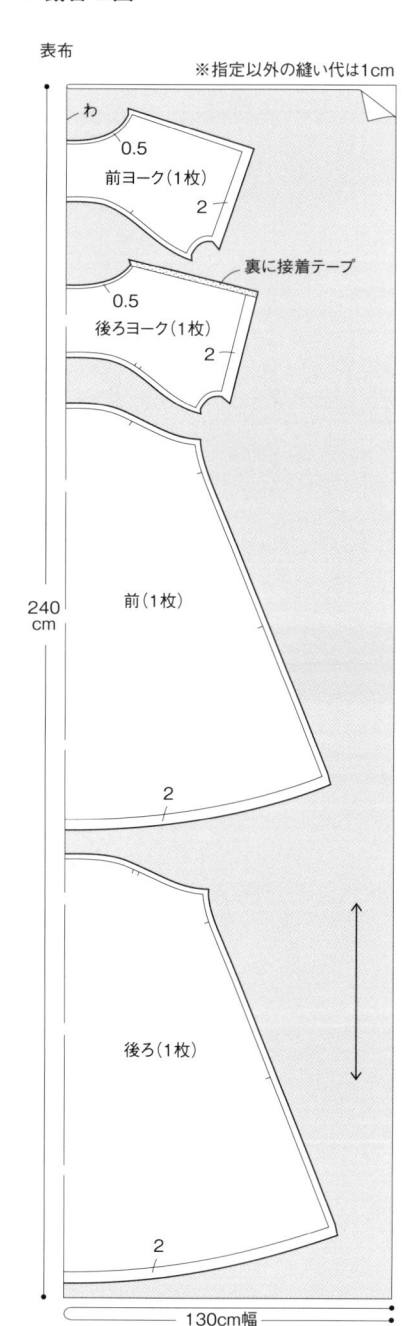

表布
※指定以外の縫い代は1cm

わ
0.5
前ヨーク(1枚)
2

裏に接着テープ

0.5
後ろヨーク(1枚)
2

240cm

前(1枚)

2

後ろ(1枚)

2

130cm幅

別布

衿ぐりバイアス布(1枚)
61
4

50cm

50cm

材料
- 表布 ニット地ウール（ファブファブリック）＝130cm幅 2m40cm
- 別布 布帛のコットン＝50×50cm
- 接着テープ＝0.9cm幅 60cm（後ろヨークの肩用）
  ※布帛の場合は不要

裁ち方と作り方のポイント
- 衿ぐりバイアス布は、伸止めを兼ねて布帛を使用。裁合せ図に示した寸法で裁断します。
- ニット地を使用するため、裾は二つ折りにしてステッチをかけます。布帛を使う場合は、P.37 6）を参照してください。

準備
- 後ろヨークの肩の縫い代裏に、接着テープをはります。
  ※布帛の場合は不要

作り方順序
1) 肩を縫う。→p.37 1）
2) 衿ぐりを始末する。→p.59 1）
3) 袖口を始末する。三つ折りにしてステッチをかける。→p.37 3）
4) 前後身頃とヨークを縫い合わせる。→p.37 4）
5) 脇を縫う。→p.37 5）
6) 裾を始末する。
7) 袖下の縫い代をとめる。→p.37 7）

作り方順序

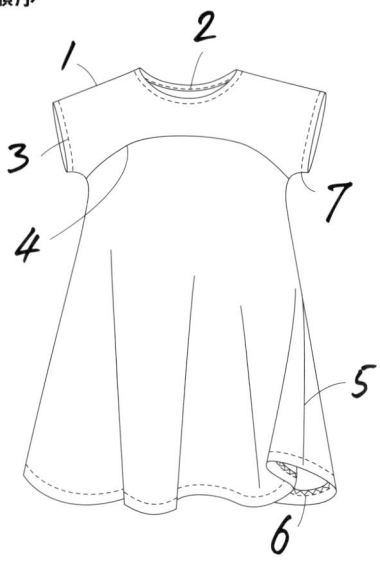

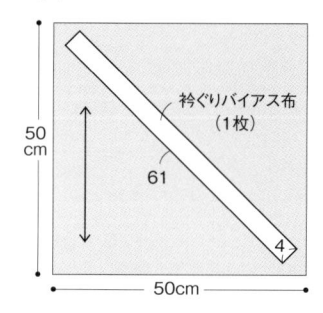

1, 2, 3, 4, 5, 6, 7

6) 裾を始末する

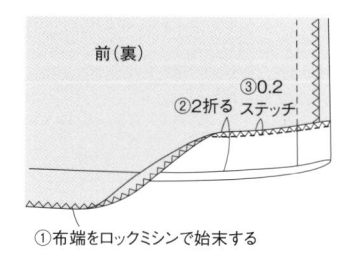

前(裏)
③0.2
②2折る
ステッチ
①布端をロックミシンで始末する

S
balloon sleeves pullover

バルーンスリーブプルオーバー

★★☆
p.25

出来上り寸法
S＝バスト96cm、袖丈24.4cm、着丈55.5cm
M＝バスト100cm、袖丈24.5cm、着丈55.5cm
L＝バスト104cm、袖丈24.6cm、着丈55.5cm
LL＝バスト108cm、袖丈24.7cm、着丈55.5cm

パターン … 2（表）

材料
表布 リネン（オカダヤ）＝108cm幅 2m10cm
別布 薄手リネン＝110cm幅 30cm
接着芯＝90cm幅 20cm（見返し用）
接着テープ＝0.9cm幅 1m40cm（衿ぐり、肩用）
※表布がほつれにくい場合は不要

裁ち方と作り方のポイント
- 見返しは粗裁ちして裏に接着芯をはり、パターンに合わせて裁断します。
- 袖は外袖と内袖を縫い合わせて、バルーン形にします。表布が厚手の場合、内袖は薄手の布を使うとすっきり仕上がります。

準備
- 前後衿ぐり、前後の肩の縫い代裏に接着テープをはります。

作り方順序
1) 袖を作る。
2) 見返しの肩を縫う。
3) 身頃の肩を縫う。
4) 身頃を見返しで縫い返す。
5) 脇を縫う。
6) 裾を始末する。三つ折りにしてステッチをかける。
7) 袖をつける。

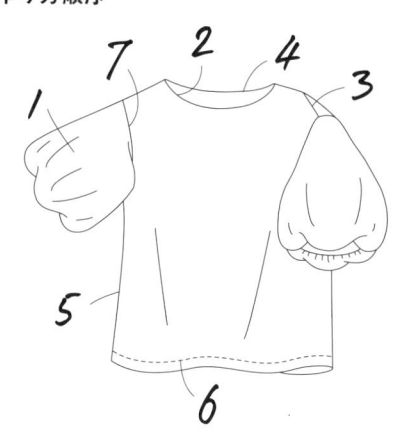

裁合せ図

表布

※指定以外の縫い代は1cm

108cm幅　210cm

別布

110cm幅　30cm

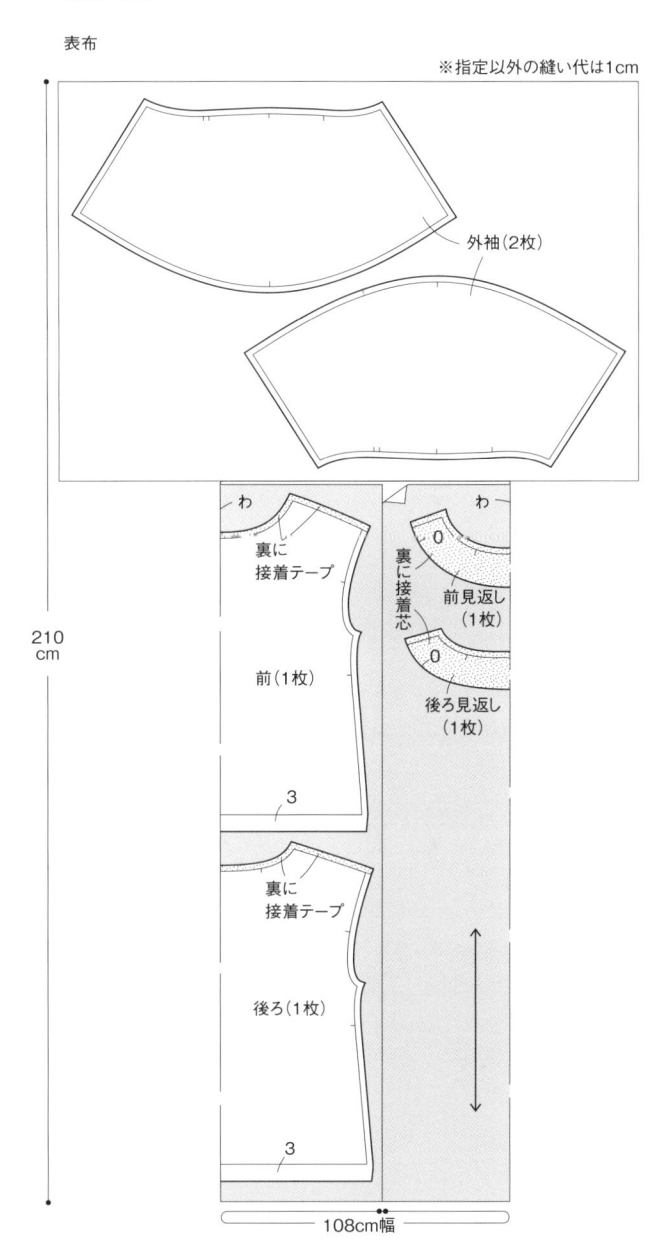

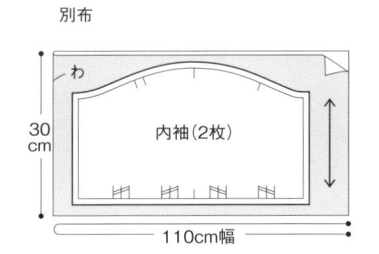

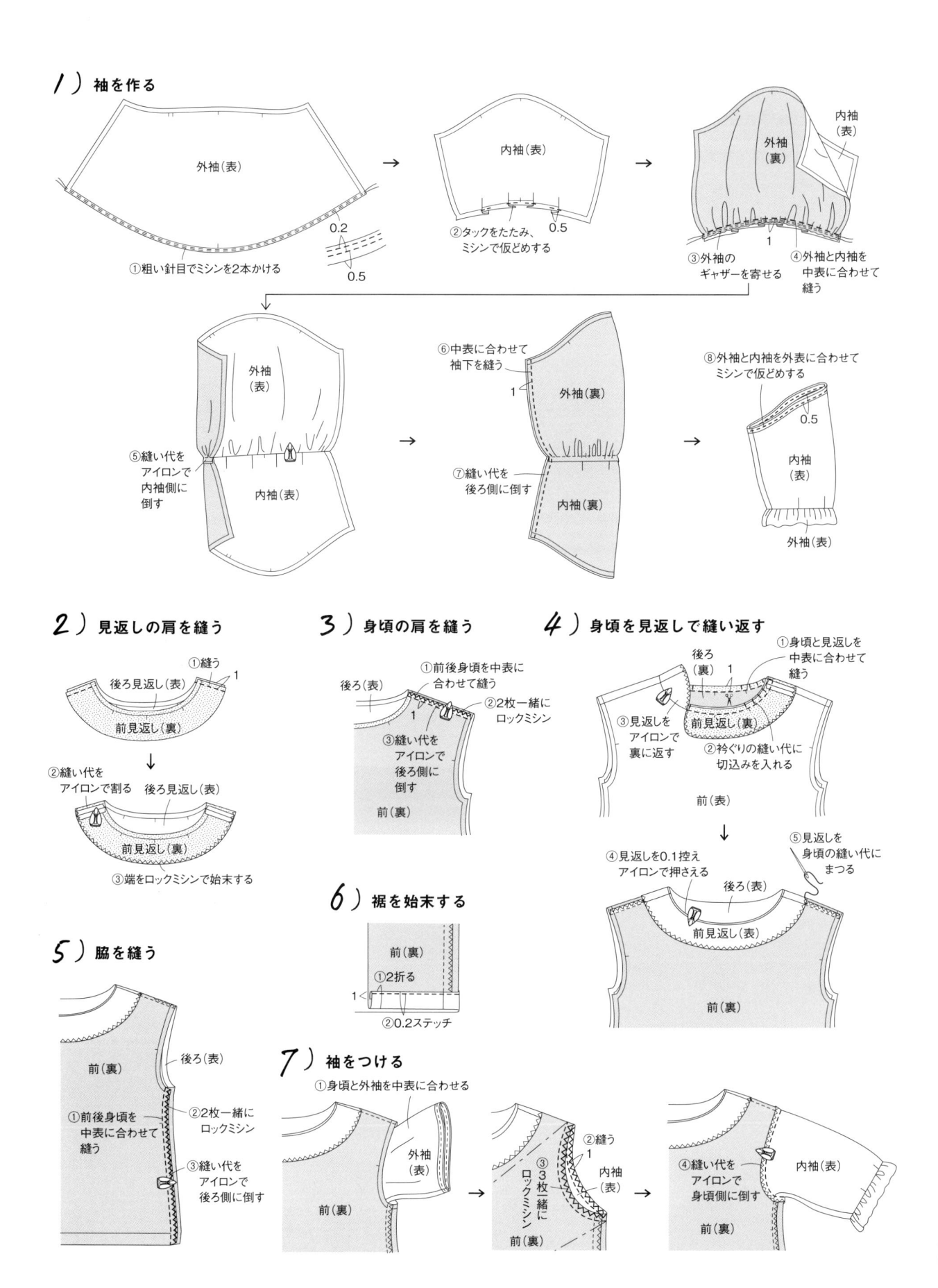

1) 袖を作る

- ①粗い針目でミシンを2本かける
- 外袖(表)
- 0.2
- 0.5
- ②タックをたたみ、ミシンで仮どめする
- 内袖(表)
- 0.5
- ③外袖のギャザーを寄せる
- ④外袖と内袖を中表に合わせて縫う
- 外袖(裏)
- 内袖(表)
- 1

- ⑤縫い代をアイロンで内袖側に倒す
- 外袖(表)
- 内袖(表)
- ⑥中表に合わせて袖下を縫う
- 外袖(裏)
- 1
- ⑦縫い代を後ろ側に倒す
- 内袖(裏)
- ⑧外袖と内袖を外表に合わせてミシンで仮どめする
- 0.5
- 内袖(表)
- 外袖(表)

2) 見返しの肩を縫う

- ①縫う
- 1
- 後ろ見返し(表)
- 前見返し(裏)
- ②縫い代をアイロンで割る
- 後ろ見返し(表)
- 前見返し(裏)
- ③端をロックミシンで始末する

3) 身頃の肩を縫う

- ①前後身頃を中表に合わせて縫う
- ②2枚一緒にロックミシン
- ③縫い代をアイロンで後ろ側に倒す
- 後ろ(表)
- 1
- 前(裏)

4) 身頃を見返しで縫い返す

- ①身頃と見返しを中表に合わせて縫う
- 1
- 後ろ(裏)
- ③見返しをアイロンで裏に返す
- 前見返し(表)
- ②衿ぐりの縫い代に切込みを入れる
- 前(表)

- ④見返しを0.1控えアイロンで押さえる
- 後ろ(表)
- ⑤見返しを身頃の縫い代にまつる
- 前見返し(表)
- 前(表)

5) 脇を縫う

- 前(裏)
- 後ろ(表)
- ①前後身頃を中表に合わせて縫う
- ②2枚一緒にロックミシン
- ③縫い代をアイロンで後ろ側に倒す

6) 裾を始末する

- 前(裏)
- ①2折る
- 1
- ②0.2ステッチ

7) 袖をつける

- ①身頃と外袖を中表に合わせる
- 外袖(表)
- 前(裏)

- ②縫う
- 1
- ③3枚一緒にロックミシン
- 内袖(表)
- 前(裏)

- ④縫い代をアイロンで身頃側に倒す
- 内袖(表)
- 前(裏)

D
balloon sleeves dress
バルーンスリーブドレス

★★☆
p.07

裁合せ図

出来上り寸法
- S ＝バスト96cm、袖丈32.4cm、着丈87cm
- M ＝バスト100cm、袖丈32.5cm、着丈87cm
- L ＝バスト104cm、袖丈32.6cm、着丈87cm
- LL＝バスト108cm、袖丈32.7cm、着丈87cm

パターン … 2（表）

材料
- 表布 コットン・シルク＝110cm幅 3m30cm
- 接着芯＝90cm幅 20cm（見返し用）

裁ち方のポイント
- 見返しは粗裁ちして裏に接着芯をはり、パターンに合わせて裁断します。

作り方順序
1) 袖を作る。→p.40 1)
2) 見返しの肩を縫う。→p.40 2)
3) 身頃の肩を縫う。→p.40 3)
4) 身頃を見返しで縫い返す。→p.40 4)
5) 脇を縫う。→p.40 5)
6) 裾を始末する。三つ折りにしてステッチをかける。
7) 袖をつける。→p.40 7)

作り方順序

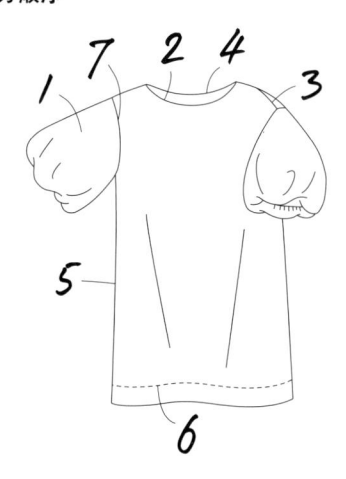

6) 裾を始末する

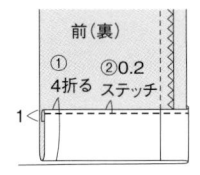

※指定以外の縫い代は1cm

表布
- 外袖（2枚）
- 内袖（2枚）
- 前見返し（1枚） 裏に接着芯
- 後ろ見返し（1枚）
- 前（1枚）
- 後ろ（1枚）

330cm
110cm幅

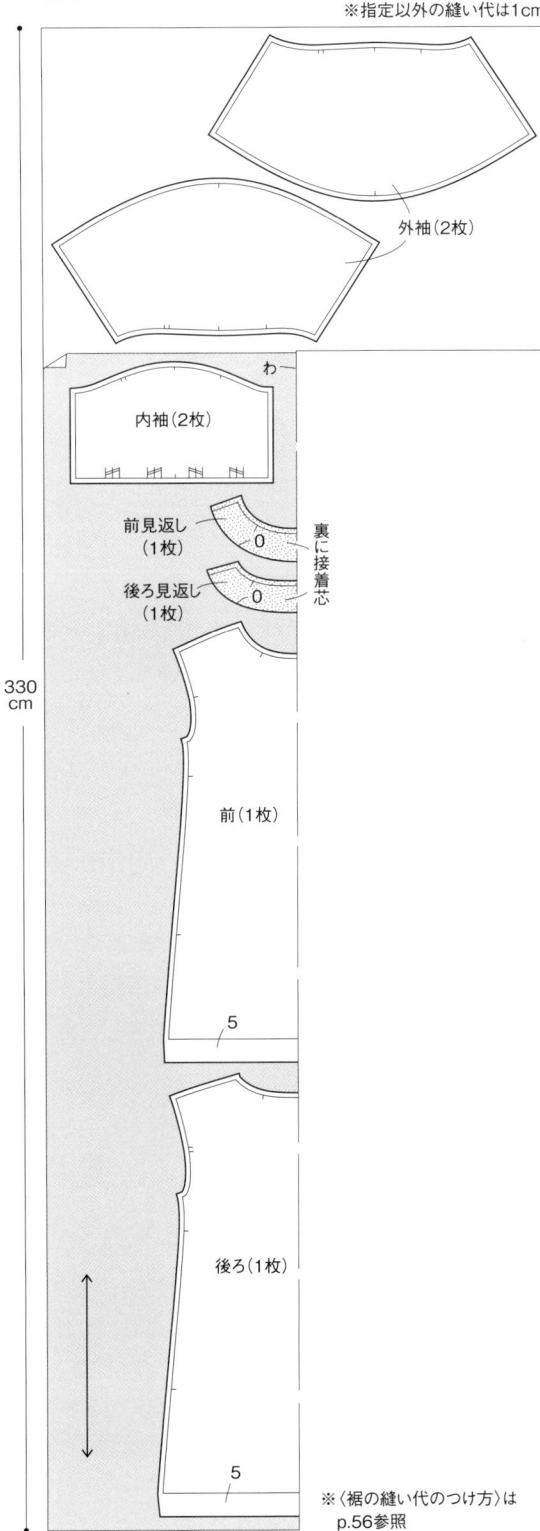

※〈裾の縫い代のつけ方〉はp.56参照

B
ribbon skirt - linen gauze
リボンスカート

★☆☆
p.05

p
ribbon skirt - linen plain
リボンスカート

★☆☆
p.22

⋕ 出来上り寸法
フリーサイズ＝ウエスト66〜120cm、スカート丈72cm

⋕ 材料
- B：表布 リネン先染めボイルワッシャー（布もよう）
  ＝110cm幅 2m80cm
- p：表布 スタンダードリネン（清原）＝140cm幅 1m70cm
- B・p：ゴムテープ＝3cm幅をウエスト出来上り寸法＋2cm

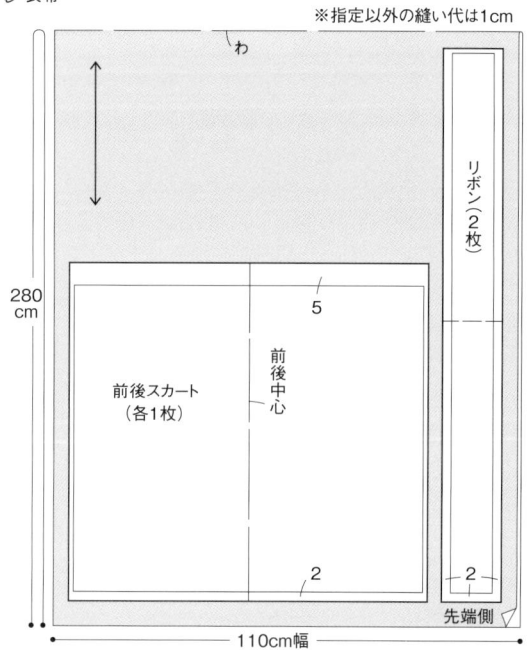

⋕ 作り方のポイント
○ 付録のパターンがないので、製図を引いてパターンを作ります。

⋕ 作り方順序
1) リボンを作る。
2) 脇を縫う。
3) ウエストを始末する。三つ折りにしてステッチをかける。
4) 裾を始末する。三つ折りにしてステッチをかける。
5) ウエストにゴムテープを通す。ゴムテープの端は重ねて縫いとめ、ゴムテープ口をとじる。

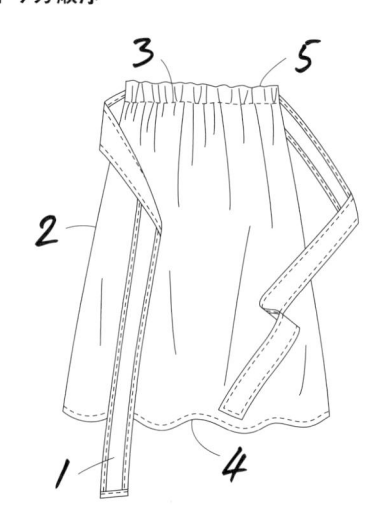

⋕ 製図

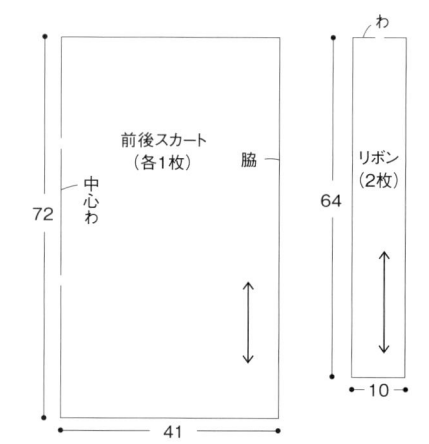

前後スカート（各1枚） 脇 中心わ 72 41

リボン（2枚）わ 64 10

⋕ 裁合せ図

B 表布 ※指定以外の縫い代は1cm

前後スカート（各1枚） 前後中心 リボン（2枚） 5 2 2 先端側 280cm 110cm幅

p 表布 ※指定以外の縫い代は1cm

前スカート（1枚） 後ろスカート（1枚） リボン（2枚） わ 5 2 5 2 2 先端側 170cm 140cm幅

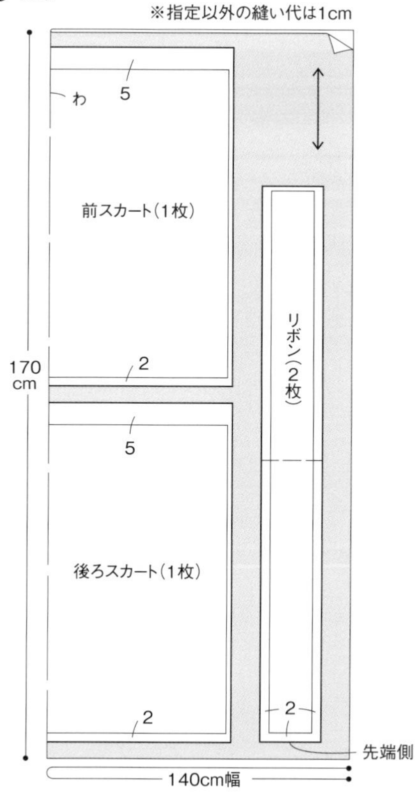

1) リボンを作る

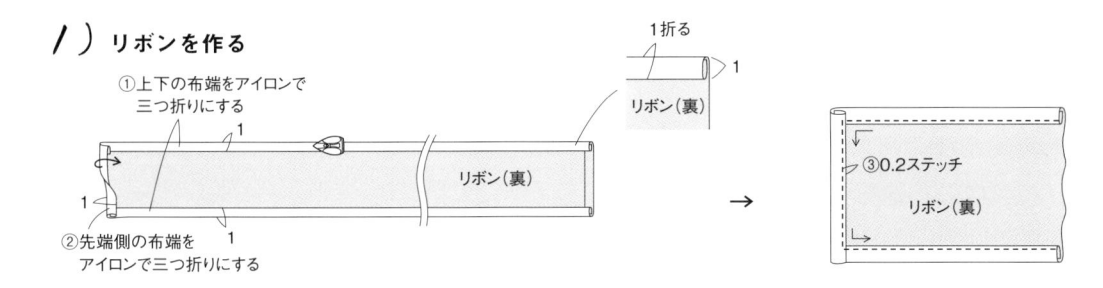

- ①上下の布端をアイロンで三つ折りにする
- ②先端側の布端をアイロンで三つ折りにする
- 1折る
- リボン(裏)
- ③0.2ステッチ
- リボン(裏)

2) 脇を縫う

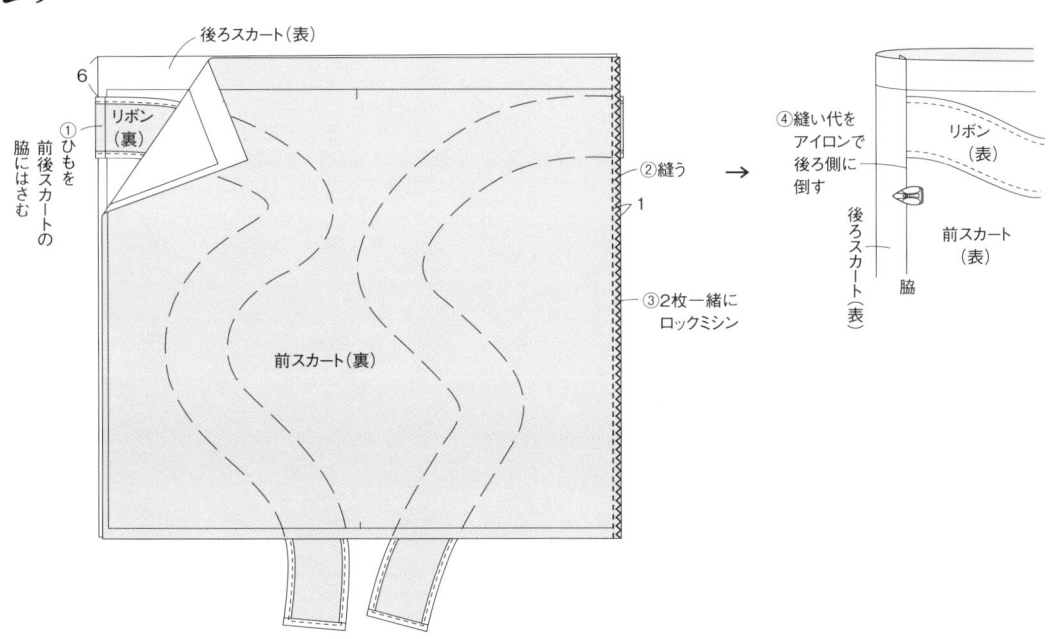

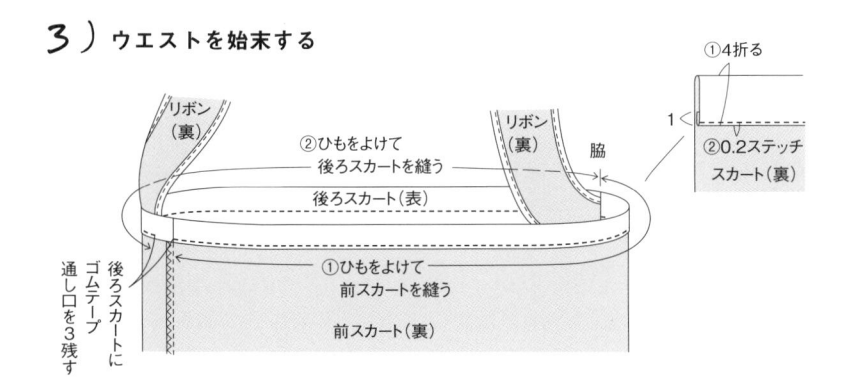

- 後ろスカート(表)
- ①ひもを前後スカートの脇にはさむ
- リボン(裏)
- ②縫う
- ③2枚一緒にロックミシン
- 前スカート(裏)
- ④縫い代をアイロンで後ろ側に倒す
- リボン(表)
- 後ろスカート(表)
- 前スカート(表)
- 脇

3) ウエストを始末する

- リボン(裏)
- ②ひもをよけて後ろスカートを縫う
- 脇
- 後ろスカート(表)
- ①ひもをよけて前スカートを縫う
- 前スカート(裏)
- 後ろスカートにゴムテープ通し口を3残す
- ①4折る
- ②0.2ステッチ
- スカート(裏)

4) 裾を始末する

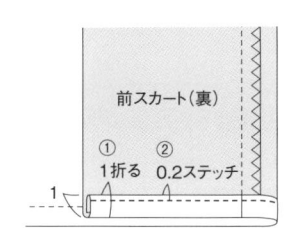

- 前スカート(裏)
- ①1折る
- ②0.2ステッチ

5) ウエストにゴムテープを通す

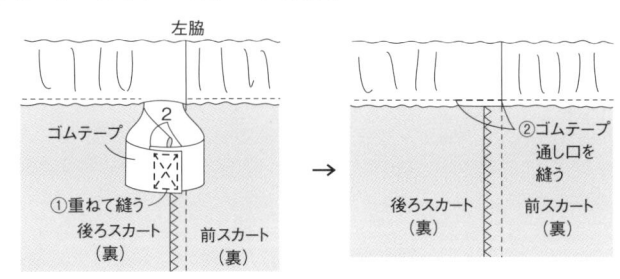

- 左脇
- ゴムテープ
- ①重ねて縫う
- 後ろスカート(裏)
- 前スカート(裏)
- ②ゴムテープ通し口を縫う
- 後ろスカート(裏)
- 前スカート(裏)

O
straight pants
ストレートパンツ

★☆☆
p.21

出来上り寸法
S・M＝ウエスト66〜98cm、ヒップ106cm、パンツ丈95.5cm
L・LL＝ウエスト70〜102cm、ヒップ110cm、パンツ丈95.5cm

パターン … 1（裏）

材料
表布 コットン・ナイロンウェザークロス（生地の森）
　　＝142cm幅 2m
接着芯＝5×5cm（ひも通し口用）
ゴムテープ＝3cm幅をウエスト出来上り寸法＋2cm

裁ち方と作り方のポイント
○ ひもは、裁合せ図に示した寸法で裁断します。
○ ウエストはパンツから続け裁ちした縫い代を三つ折りにして、ゴムテープを通す簡単仕様です。折った時に前後中心や脇が不足しないよう、縫い代は「ウエストの縫い代のつけ方」を参考につけてください。

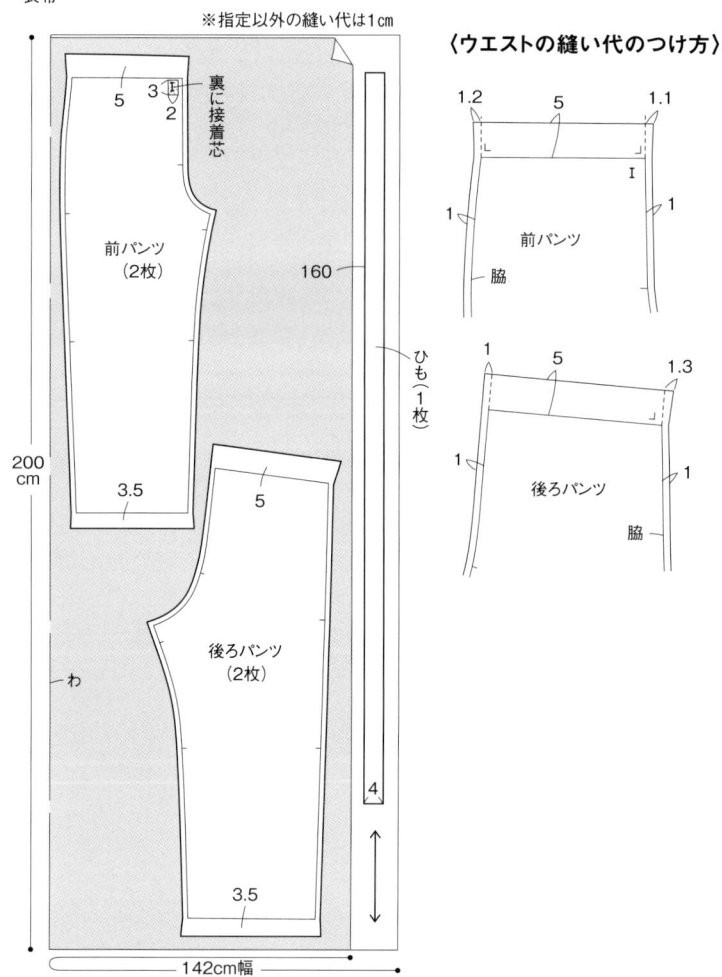

準備
○ ひも通し口の裏に接着芯をはり、ボタンホールを作ります。

作り方順序
1) 股上を縫う。
2) 脇を縫う。
3) 股下を縫う。
4) 裾を始末する。三つ折りにしてステッチをかける。
5) ウエストを始末する。三つ折りにしてステッチをかける。ゴムテープを通してゴムテープの端を縫いとめ、ゴムテープ通し口をとじる。
6) ひもを作り、ウエストに通す。

裁合せ図

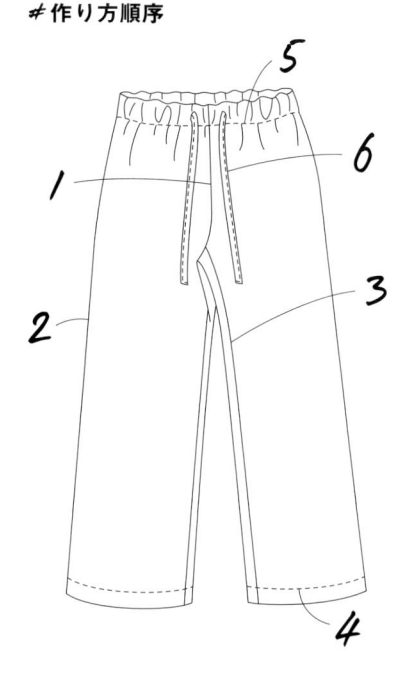

1) 股上を縫う

※後ろの股上も同様に縫う

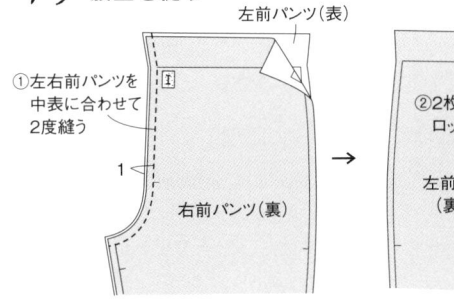

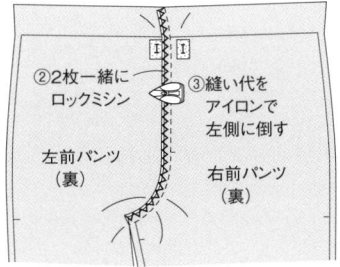

① 左右前パンツを中表に合わせて2度縫う

左前パンツ（表）
右前パンツ（裏）

② 2枚一緒にロックミシン
③ 縫い代をアイロンで左側に倒す

左前パンツ（裏）
右前パンツ（裏）

2) 脇を縫う

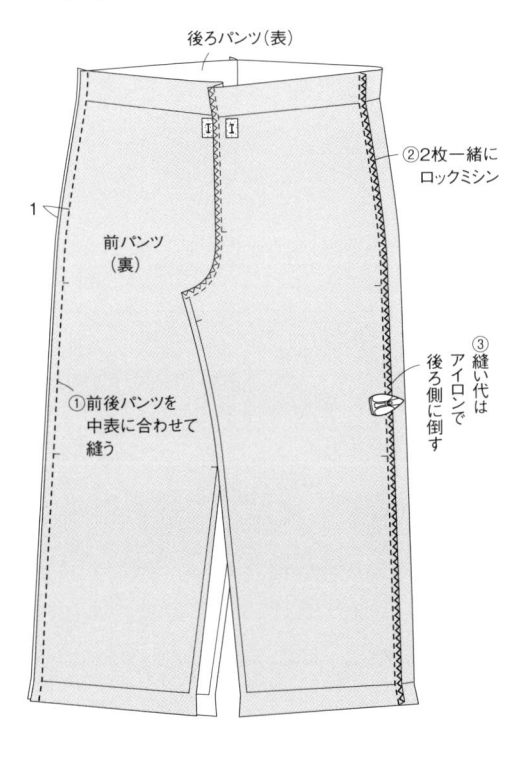

後ろパンツ（表）
前パンツ（裏）

① 前後パンツを中表に合わせて縫う
② 2枚一緒にロックミシン
③ 縫い代はアイロンで後ろ側に倒す

3) 股下を縫う

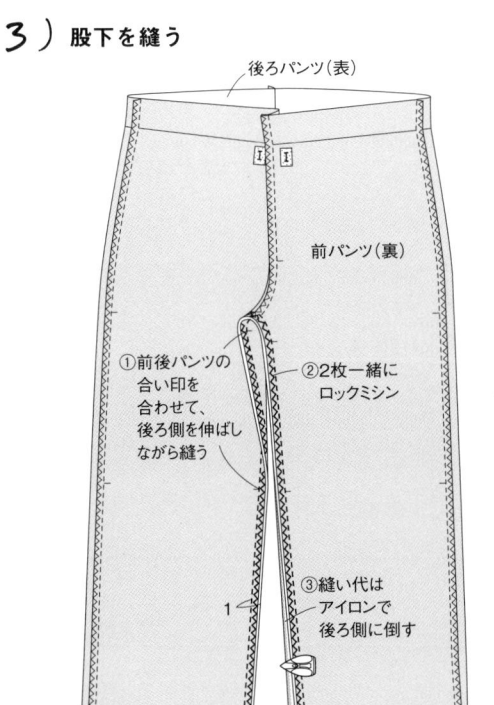

後ろパンツ（表）
前パンツ（裏）

① 前後パンツの合い印を合わせて、後ろ側を伸ばしながら縫う
② 2枚一緒にロックミシン
③ 縫い代はアイロンで後ろ側に倒す

4) 裾を始末する

前パンツ（裏）
① 2.5折る
② 0.2ステッチ

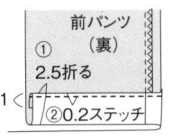

5) ウエストを始末して、ゴムテープを通す

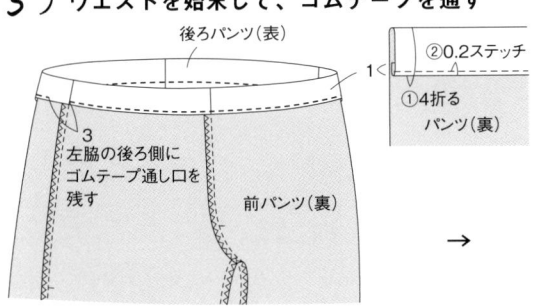

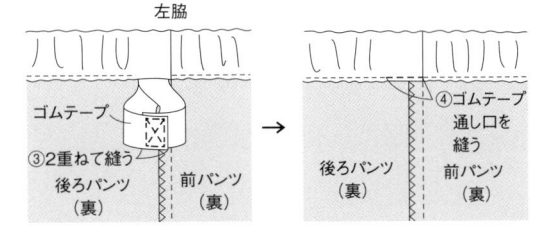

後ろパンツ（表）
前パンツ（裏）

左脇の後ろ側にゴムテープ通し口を残す

① 4折る
② 0.2ステッチ
パンツ（裏）

左脇
ゴムテープ
③ 2重ねて縫う
後ろパンツ（裏）
前パンツ（裏）

④ ゴムテープ通し口を縫う
後ろパンツ（裏）
前パンツ（裏）

6) ひもを作る

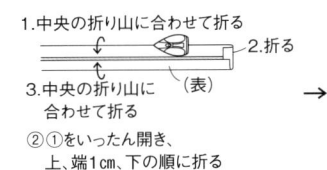

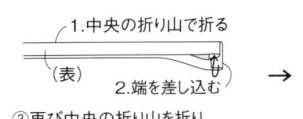

ひも（表）
① 布の幅をアイロンで外表に二つ折りにする

1. 中央の折り山に合わせて折る
2. 折る
3. 中央の折り山に合わせて折る
（表）
② ①をいったん開き、上、端1cm、下の順に折る

1. 中央の折り山で折る
2. 端を差し込む
（表）
③ 再び中央の折り山を折り、ひもの端は互い違いに差し込む

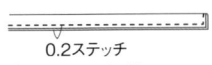

0.2ステッチ
④ アイロンで形を整えて、折り山の際にステッチをかける

u
sarouel pants
サルエルパンツ

★☆☆
p.28

#裁ち方と作り方のポイント
- ひもは、裁合せ図に示した寸法で裁断します。
- ウエストはパンツから続け裁ちした縫い代を三つ折りにして、ゴムテープを通す簡単仕様です。折った時に前後中心や脇が不足しないよう、縫い代は「ウエストの縫い代のつけ方」を参考につけてください。

#出来上り寸法
フリーサイズ＝ウエスト66〜120cm、ヒップ120cm、パンツ丈91cm

#パターン … 2(裏)

#材料
表布 ピュアリネン クールクラッシュ加工(布もよう)
　　＝110cm幅 2m30cm
接着芯＝5×5cm(ひも通し口用)
ゴムテープ＝3cm幅をウエスト出来上り寸法＋2cm

#準備
- ひも通し口の裏に接着芯をはり、ボタンホールを作ります。

#作り方順序
1) 股上を縫う。→p.45 1)
2) 脇を縫う。→p.45 2)
3) 股下を縫う。→p.45 3)
4) 裾を始末する。三つ折りにしてステッチをかける。→p.45 4)
5) ウエストを始末する。三つ折りにしてステッチをかける。ゴムテープを通す。→p.45 5)
6) ひもを作り(→p.45 6))、ウエストに通す。

#裁合せ図

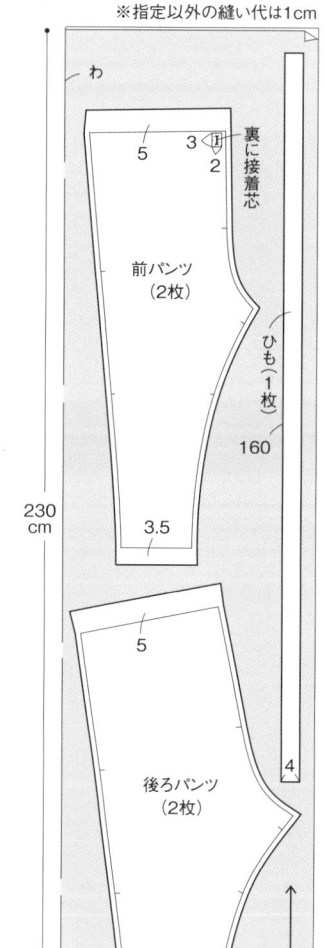

〈ウエストの縫い代のつけ方〉

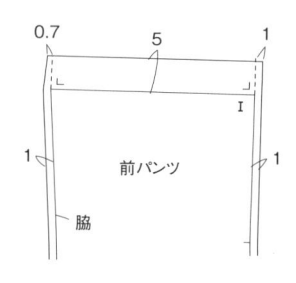

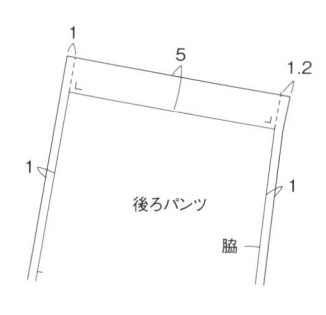

#作り方順序

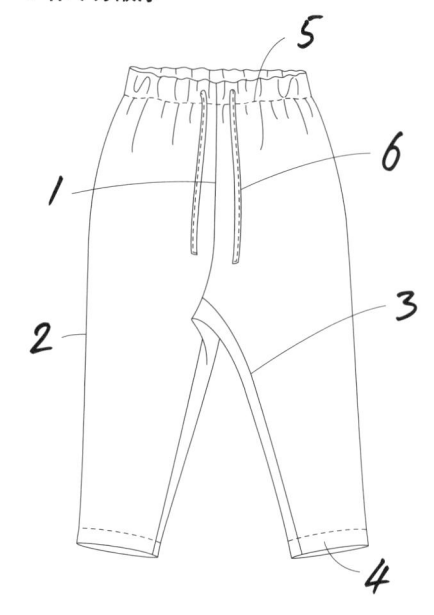

G
key neck pullover
キーネックプルオーバー

★★☆
p.10

#出来上り寸法
フリーサイズ＝バスト151.5cm、着丈60.5cm

#パターン … 2（裏）

#材料
表布 コットン（チェック＆ストライプ）＝110cm幅 2m20cm
接着芯＝90cm幅 25cm（見返し用）

#裁ち方のポイント
○ 見返しは粗裁ちして裏に接着芯をはり、パターンに合わせて裁断します。

#作り方順序
1）見返し縫い合わせる。
2）袖山を縫う。
3）後ろ上身頃の後ろ中心を縫う。
4）前上身頃の前中心を縫う。
5）衿ぐりとスラッシュを見返しで縫い返す。
6）上下身頃を縫い合わせる。
7）袖下から脇を縫う。
8）カフスを作り、つける。
9）裾を始末する。三つ折りにしてステッチをかける。

#作り方順序

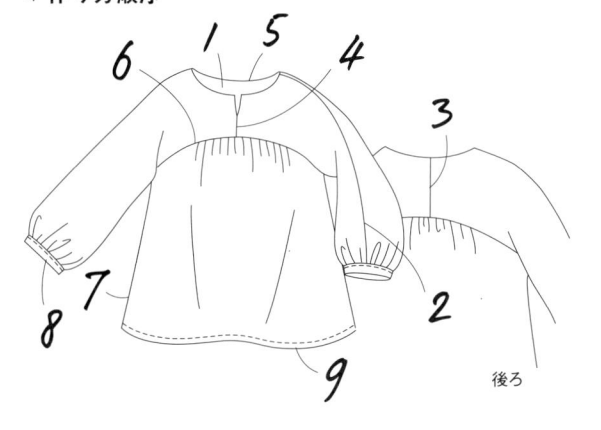

#裁合せ図

※指定以外の縫い代は1cm

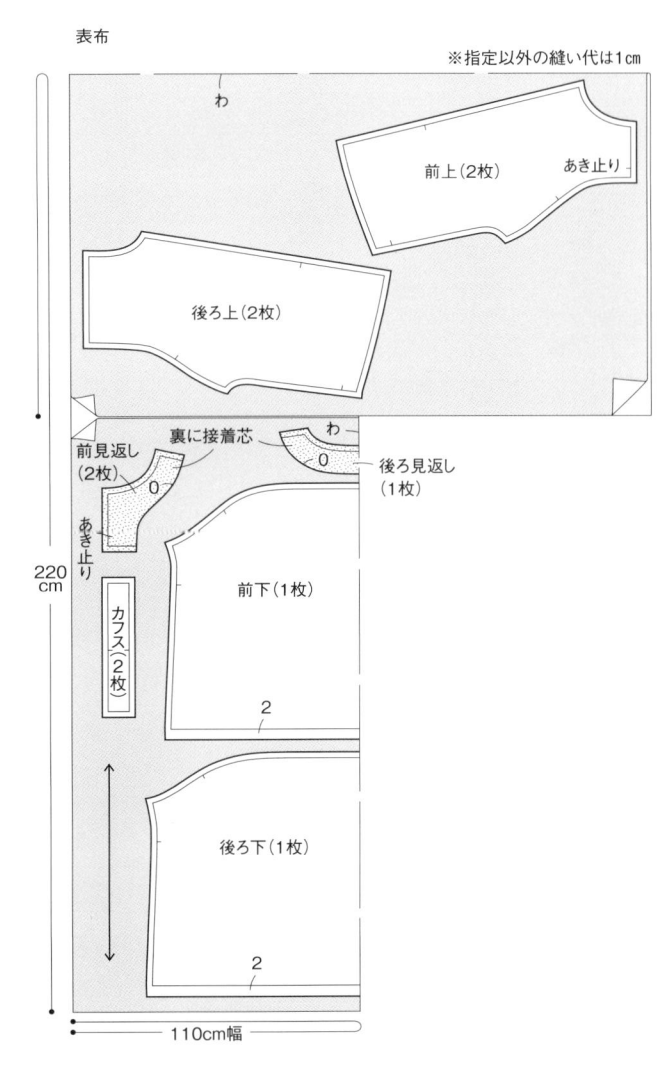

1）見返しを縫い合わせる

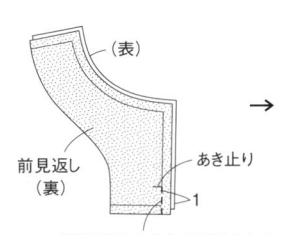

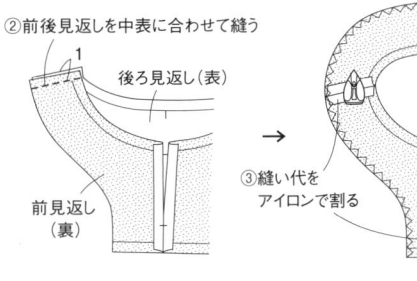

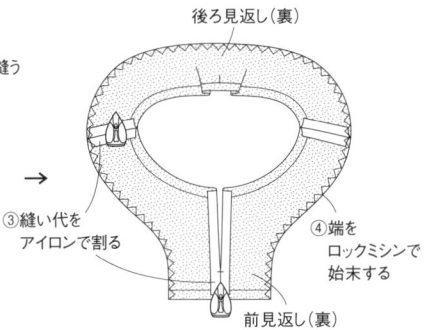

2) 袖山を縫う

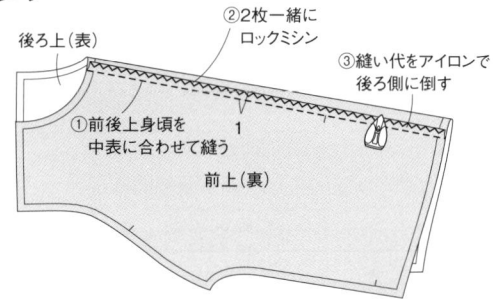

- 後ろ上(表)
- ②2枚一緒にロックミシン
- ③縫い代をアイロンで後ろ側に倒す
- ①前後上身頃を中表に合わせて縫う
- 前上(裏)

3) 後ろ上身頃の後ろ中心を縫う

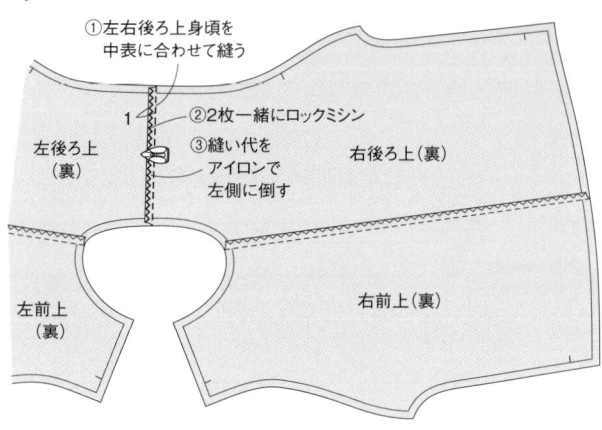

- ①左右後ろ上身頃を中表に合わせて縫う
- ②2枚一緒にロックミシン
- ③縫い代をアイロンで左側に倒す
- 左後ろ上(裏)
- 右後ろ上(裏)
- 左前上(裏)
- 右前上(裏)

4) 前上身頃の前中心を縫う

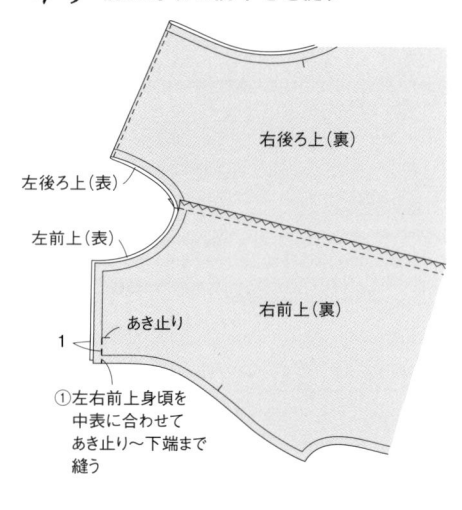

- 右後ろ上(裏)
- 左後ろ上(表)
- 左前上(表)
- 右前上(裏)
- あき止り
- ①左右前上身頃を中表に合わせてあき止り〜下端まで縫う

5) 衿ぐりとスラッシュを見返しで縫い返す

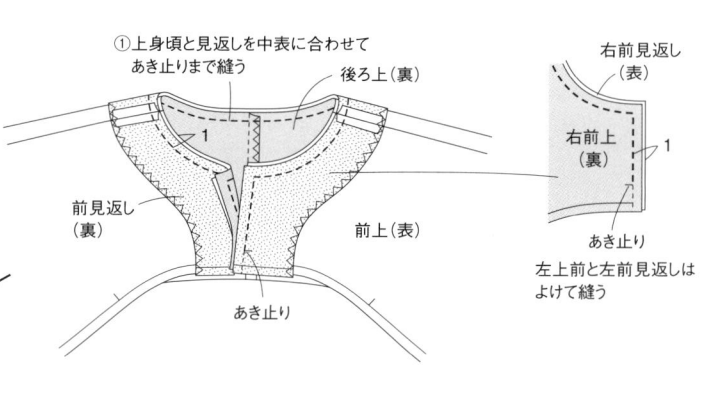

- ①上身頃と見返しを中表に合わせてあき止りまで縫う
- 後ろ上(裏)
- 前見返し(裏)
- 前上(表)
- あき止り
- 右前見返し(表)
- 右前上(裏)
- あき止り
- 左上前と左前見返しはよけて縫う

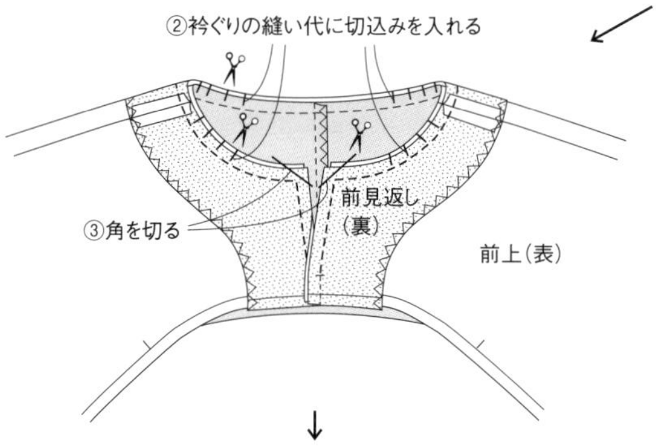

- ②衿ぐりの縫い代に切込みを入れる
- ③角を切る
- 前見返し(裏)
- 前上(表)

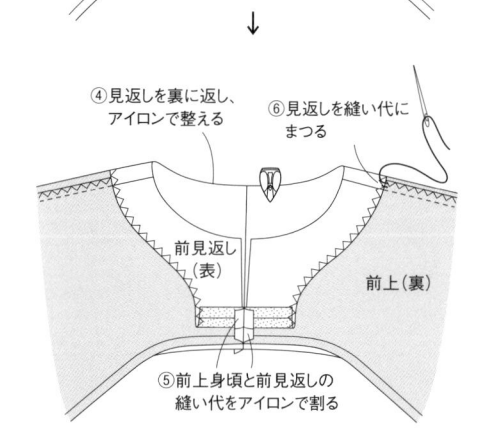

- ④見返しを裏に返し、アイロンで整える
- ⑥見返しを縫い代にまつる
- ⑤前上身頃と前見返しの縫い代をアイロンで割る
- 前見返し(表)
- 前上(裏)

6) 上下身頃を縫い合わせる

※後ろも同様に縫う

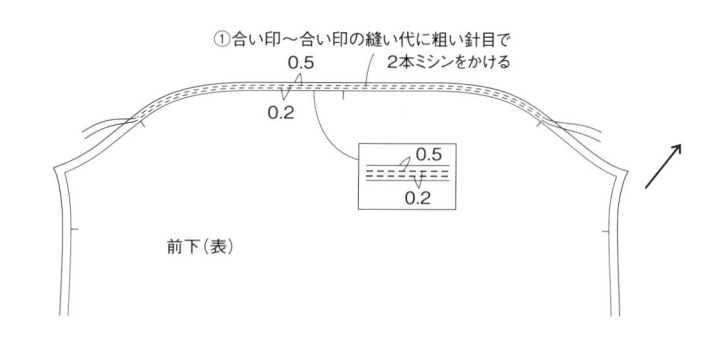

- ①合い印〜合い印の縫い代に粗い針目で2本ミシンをかける
- 0.5
- 0.2
- 0.5
- 0.2
- 前下(表)

6) の続き

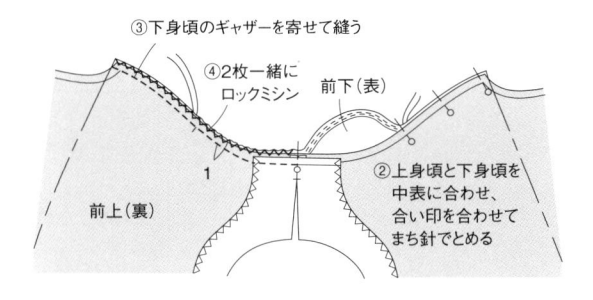

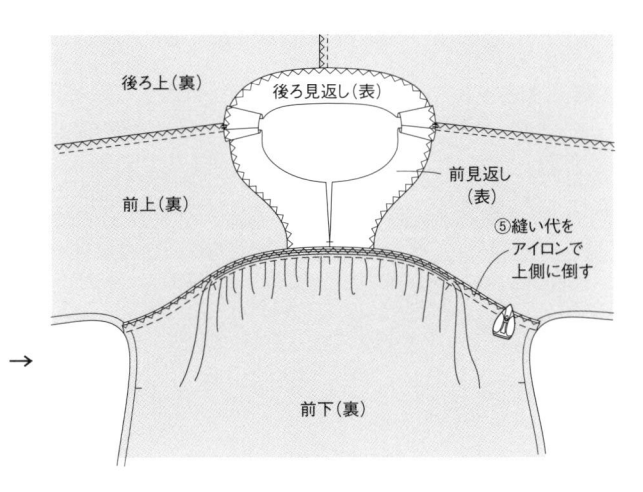

- ③下身頃のギャザーを寄せて縫う
- ④2枚一緒にロックミシン
- ②上身頃と下身頃を中表に合わせ、合い印を合わせてまち針でとめる
- ⑤縫い代をアイロンで上側に倒す

前上(裏) / 前下(表) / 後ろ上(裏) / 後ろ見返し(表) / 前見返し(表) / 前下(裏)

7) 袖下から脇を縫う

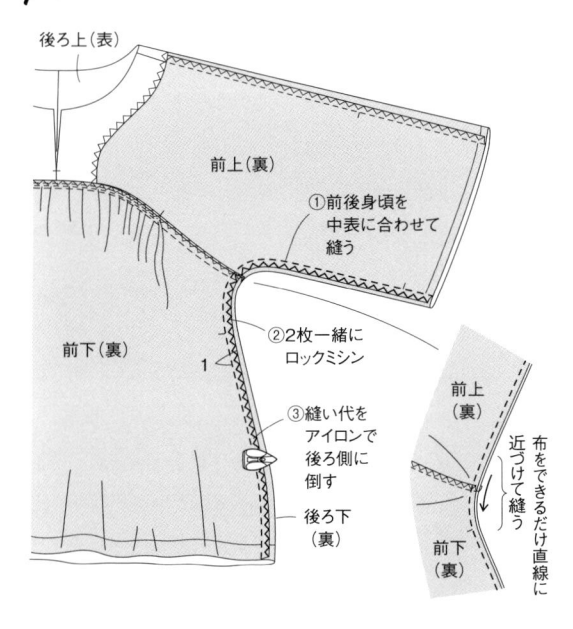

- ①前後身頃を中表に合わせて縫う
- ②2枚一緒にロックミシン
- ③縫い代をアイロンで後ろ側に倒す
- 布をできるだけ直線に近づけて縫う

後ろ上(表) / 前上(裏) / 前下(裏) / 後ろ下(裏)

8) カフスを作り、つける

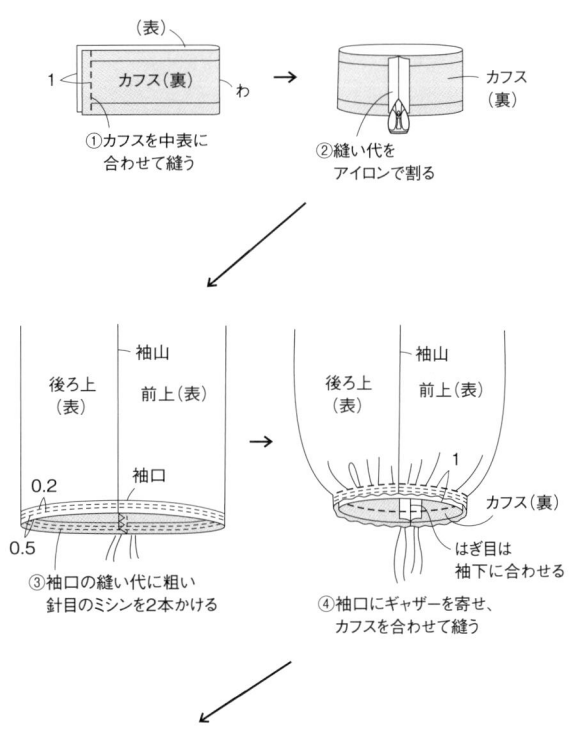

- ①カフスを中表に合わせて縫う
- ②縫い代をアイロンで割る
- ③袖口の縫い代に粗い針目のミシンを2本かける(0.2 / 0.5)
- ④袖口にギャザーを寄せ、カフスを合わせて縫う
- はぎ目は袖下に合わせる
- ⑤縫い代をアイロンでカフス側に倒す
- ⑥カフスをアイロンで折る
- ⑦カフスを縫い代にかぶせて縫う(0.2ステッチ)

カフス(裏) / 袖山 / 後ろ上(表) / 前上(表) / カフス(表)

9) 裾を始末する

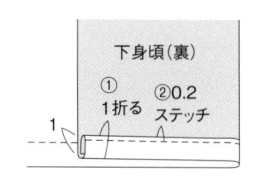

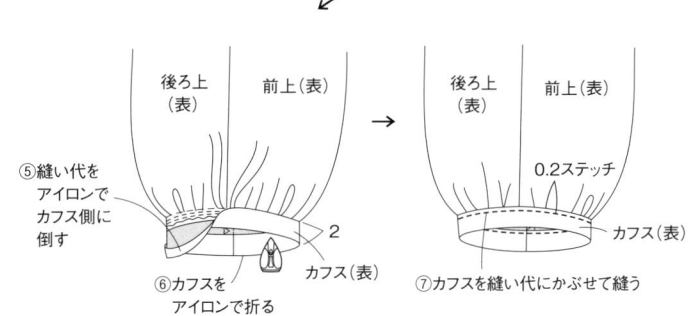

- ①1折る
- ②0.2ステッチ

下身頃(裏)

K
key neck robe - check
キーネックローブ

★★☆ p.14

N
key neck robe - silk/cotton
キーネックローブ

★★☆ p.20

出来上り寸法
フリーサイズ＝バスト151.5cm、着丈102.5cm

パターン … 2（裏）

材料
K：表布 コットン・リネン（ファブファブリック）
　＝106cm幅 3m60cm
N：表布 シルク・コットン＝110cm幅 3m50cm
K・N：接着芯＝90cm幅 25cm（見返し用）

裁ち方のポイント
◦ Kの身頃は柄合せをします。前後上身頃の中心、前後下身頃の脇の袖ぐり下を同じ柄位置に配置して裁断します。
◦ 見返しは粗裁ちして裏に接着芯をはり、パターンに合わせて裁断します。
◦ ひもは、裁合せ図に示した寸法で裁断します。

作り方順序
1) 見返しを縫い合わせる。→p.47 1)
2) 袖山を縫う。→p.48 2)
3) 後ろ上身頃の中心を縫う。→p.48 3)
4) 前上身頃の中心を縫う。→p.48 4)
5) 身頃に見返しをつける。→p.48 5)
6) 上下身頃を縫い合わせる。→p.48 6)
7) 袖下から脇を縫う。→p.49 7)
8) カフスを作り、つける。→p.49 8)
9) 裾を始末する。三つ折りにしてステッチをかける。
10) ひもを作り、身頃の脇に糸ループをつける。

作り方順序

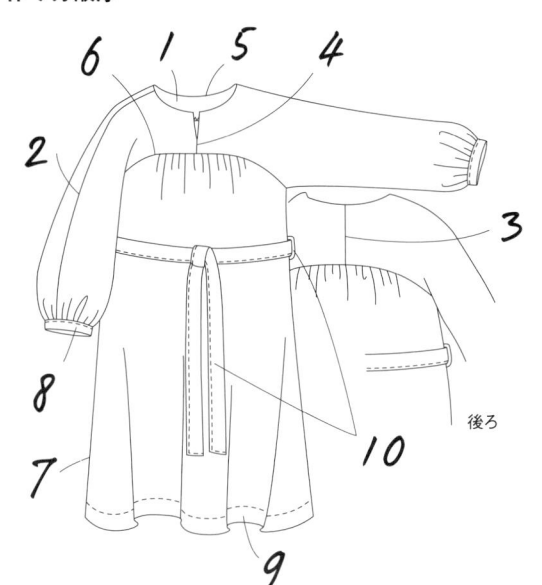

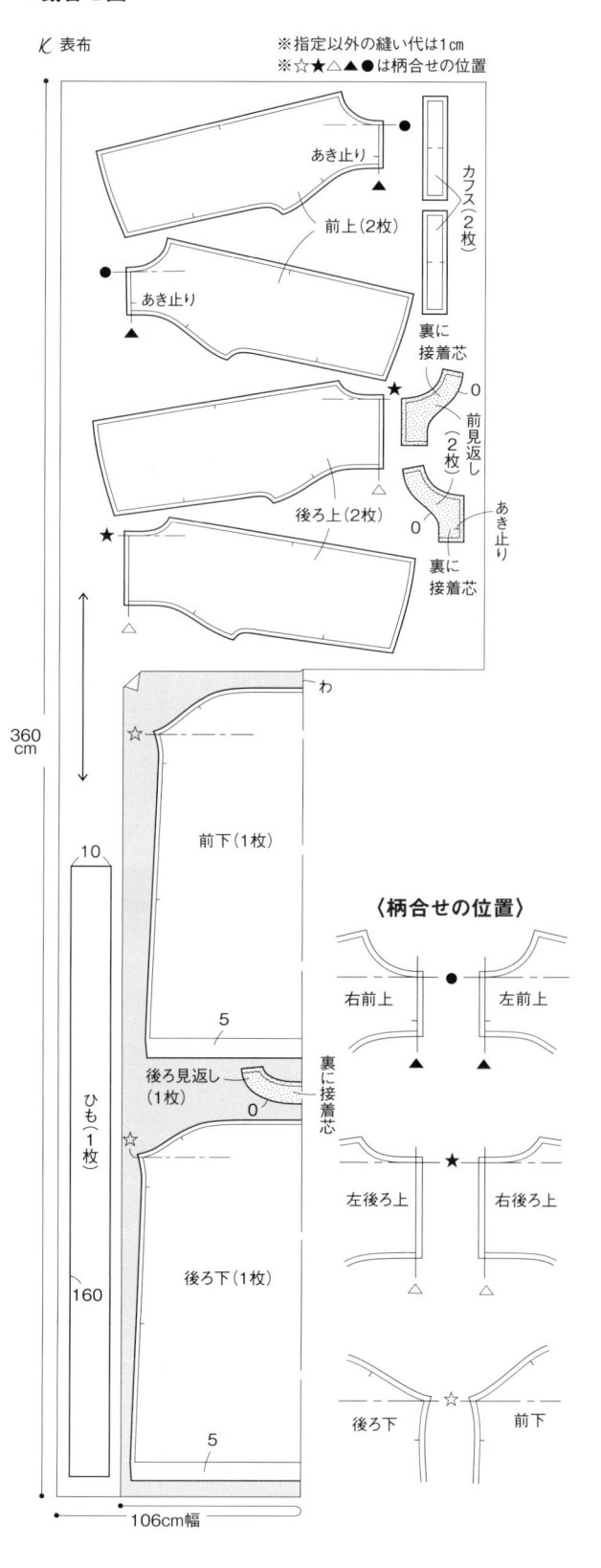

裁合せ図

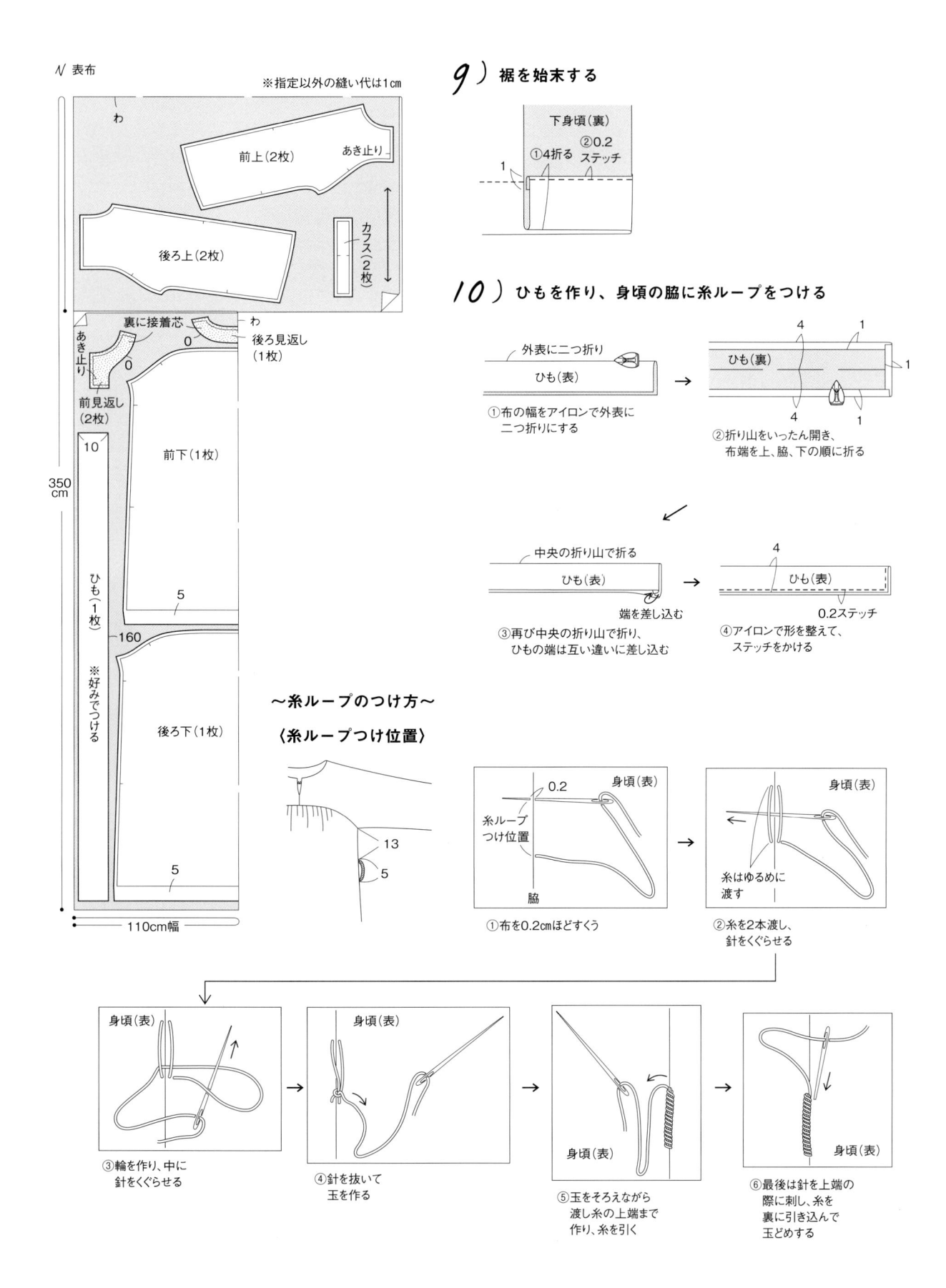

表布

※指定以外の縫い代は1cm

わ
前上(2枚)
あき止り
後ろ上(2枚)
カフス(2枚)
裏に接着芯
わ
後ろ見返し(1枚)
あき止り
前見返し(2枚)
10
前下(1枚)
350cm
ひも(1枚)
※好みでつける
5
160
後ろ下(1枚)
5
110cm幅

9) 裾を始末する

下身頃(裏)
①4折る
②0.2ステッチ
1

10) ひもを作り、身頃の脇に糸ループをつける

外表に二つ折り
ひも(表)
①布の幅をアイロンで外表に二つ折りにする

ひも(裏)
4 1
1
4 1
②折り山をいったん開き、布端を上、脇、下の順に折る

中央の折り山で折る
ひも(表)
端を差し込む
③再び中央の折り山で折り、ひもの端は互い違いに差し込む

ひも(表)
4
0.2ステッチ
④アイロンで形を整えて、ステッチをかける

〜糸ループのつけ方〜
〈糸ループつけ位置〉

13
5

0.2
身頃(表)
糸ループつけ位置
脇
①布を0.2cmほどすくう

身頃(表)
糸はゆるめに渡す
②糸を2本渡し、針をくぐらせる

身頃(表)
③輪を作り、中に針をくぐらせる

身頃(表)
④針を抜いて玉を作る

身頃(表)
⑤玉をそろえながら渡し糸の上端まで作り、糸を引く

身頃(表)
⑥最後は針を上端の際に刺し、糸を裏に引き込んで玉どめする

L
tapered pants - linen
テーパードパンツ

★★☆
p.16

Q
tapered pants - polka dots
テーパードパンツ

★★☆
p.23

#パターン … 1（裏）

#材料
- L：表布　リネン（チェック＆ストライプ）＝105cm幅　2m30cm
- Q：表布　ツイルストレッチ　ドット（布もよう）＝120cm幅　2m30cm
  - 別布　コットン＝30×60cm
- L・Q：接着テープ＝0.9cm幅　50cm（ポケット口用）
  - ゴムテープ＝3cm幅をウエスト出来上り寸法＋2cm

#準備
- 前パンツのポケット口の縫い代裏に、接着テープをはります。

#作り方順序
1) ポケットを作る。
2) 股下と脇を縫う。
3) 裾を始末する。三つ折りにしてステッチをかける。
4) 股上を縫う。
5) ウエストベルトを作る。
6) ウエストベルトをつける。ゴムテープを通し、ゴムテープの端を重ねて縫いとめる。

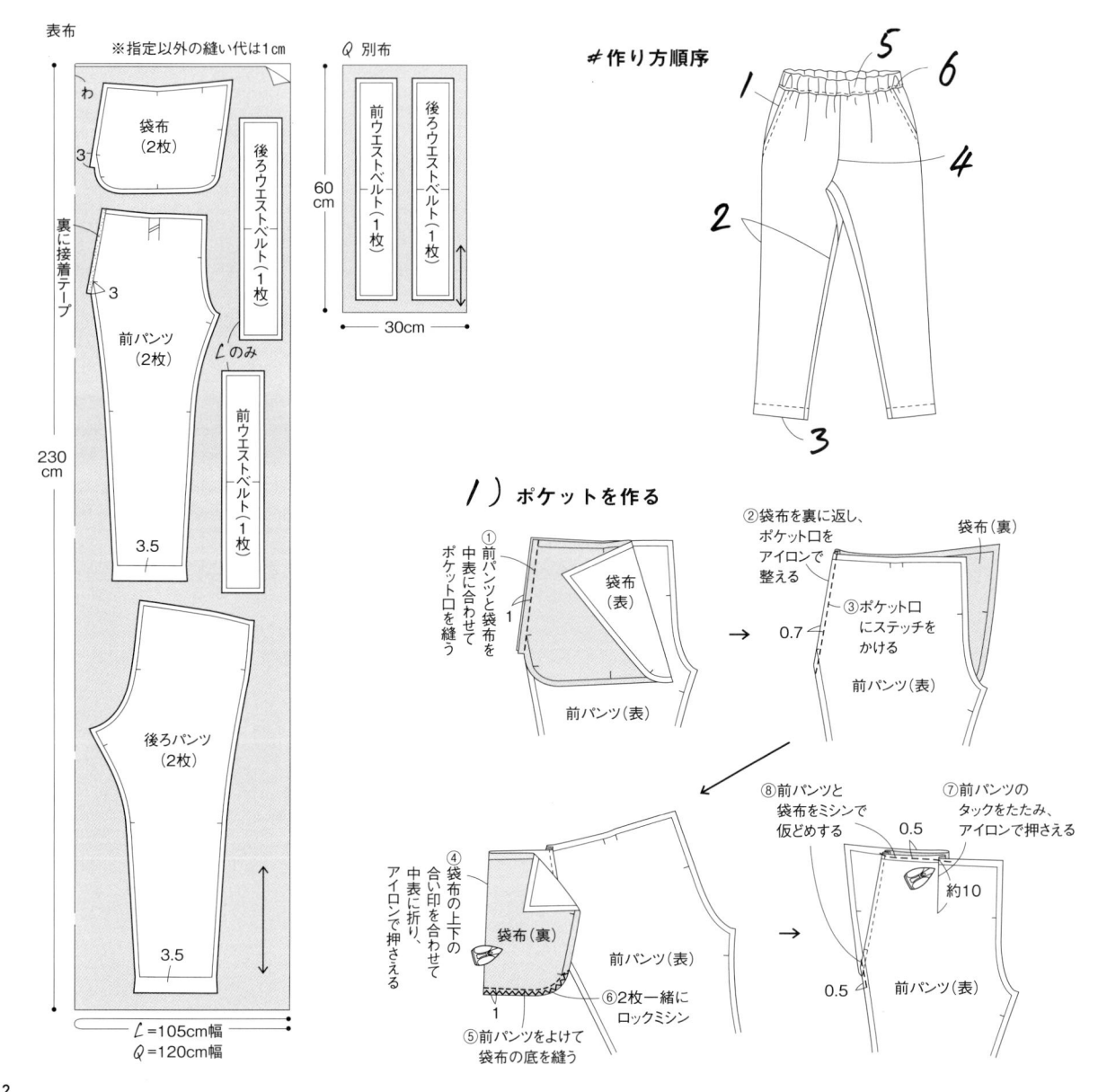

#出来上り寸法
- S＝ウエスト62〜100cm、ヒップ103cm、パンツ丈90.5cm
- M＝ウエスト66〜104cm、ヒップ107cm、パンツ丈90.5cm
- L＝ウエスト70〜108cm、ヒップ111cm、パンツ丈90.5cm
- LL＝ウエスト74〜112cm、ヒップ115cm、パンツ丈90.5cm

#裁合せ図

#作り方順序

1) ポケットを作る

① 前パンツと袋布を中表に合わせてポケット口を縫う
② 袋布を裏に返し、ポケット口をアイロンで整える
③ ポケット口にステッチをかける
④ 袋布の上下の合い印を合わせて中表に折り、アイロンで押さえる
⑤ 前パンツをよけて袋布の底を縫う
⑥ 2枚一緒にロックミシン
⑦ 前パンツのタックをたたみ、アイロンで押さえる
⑧ 前パンツと袋布をミシンで仮どめする

2） 股下と脇を縫う

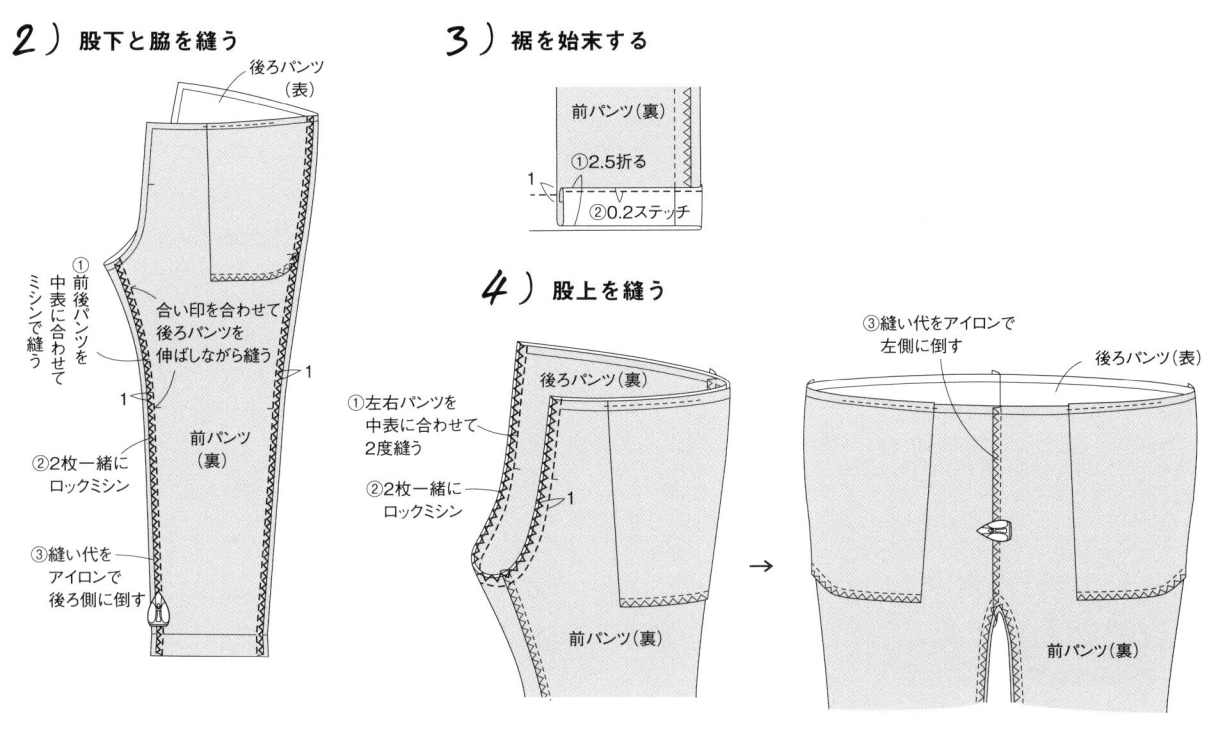

① 前後パンツを中表に合わせてミシンで縫う

合い印を合わせて後ろパンツを伸ばしながら縫う

後ろパンツ（表）

前パンツ（裏）

② 2枚一緒にロックミシン

③ 縫い代をアイロンで後ろ側に倒す

3） 裾を始末する

前パンツ（裏）

① 2.5折る

② 0.2ステッチ

4） 股上を縫う

① 左右パンツを中表に合わせて2度縫う

② 2枚一緒にロックミシン

後ろパンツ（裏）

前パンツ（裏）

③ 縫い代をアイロンで左側に倒す

後ろパンツ（表）

前パンツ（裏）

5） ウエストベルトを作る

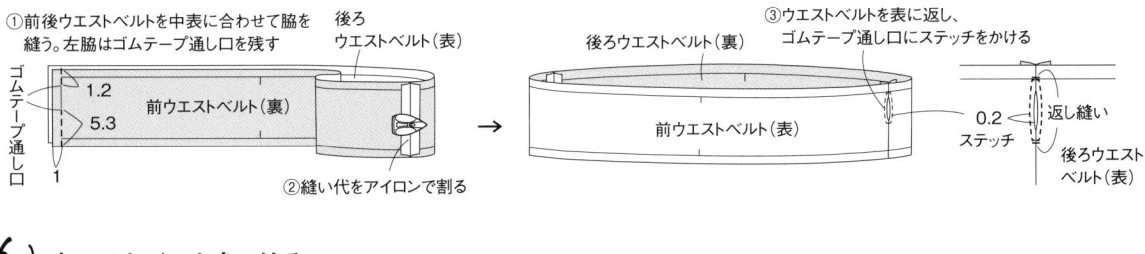

① 前後ウエストベルトを中表に合わせて脇を縫う。左脇はゴムテープ通し口を残す

ゴムテープ通し口

前ウエストベルト（裏）

後ろウエストベルト（表）

1.2
5.3
1

② 縫い代をアイロンで割る

後ろウエストベルト（裏）

前ウエストベルト（表）

③ ウエストベルトを表に返し、ゴムテープ通し口にステッチをかける

0.2ステッチ

返し縫い

後ろウエストベルト（表）

6） ウエストベルトをつける

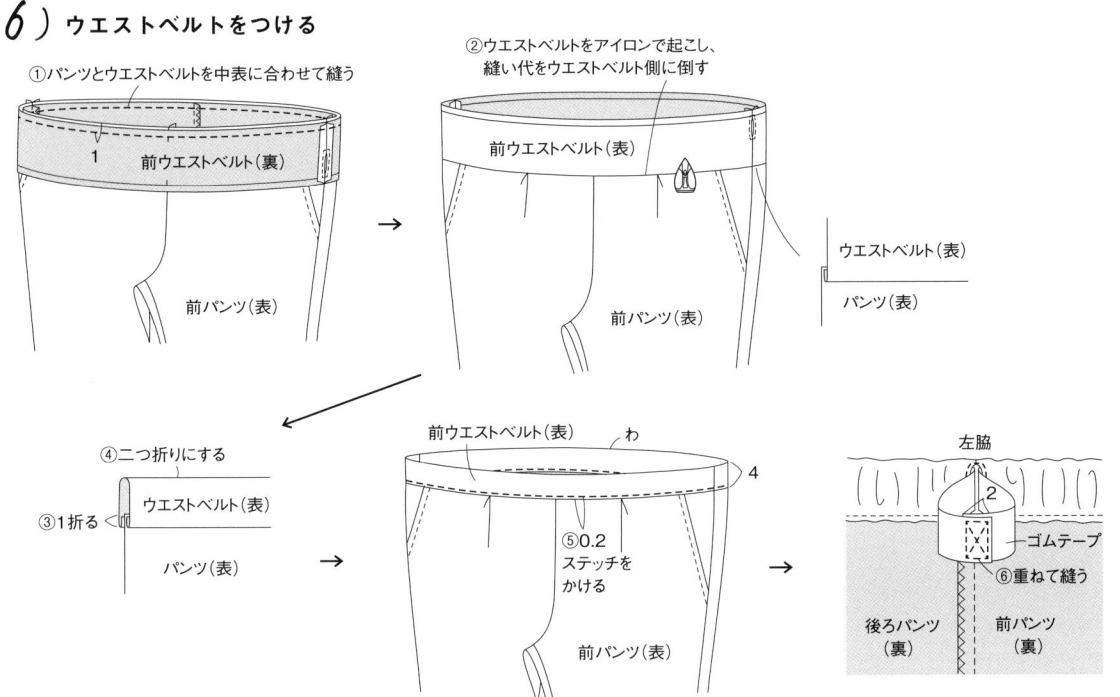

① パンツとウエストベルトを中表に合わせて縫う

前ウエストベルト（裏）

前パンツ（表）

② ウエストベルトをアイロンで起こし、縫い代をウエストベルト側に倒す

前ウエストベルト（表）

前パンツ（表）

ウエストベルト（表）

パンツ（表）

③ 1折る

④ 二つ折りにする

ウエストベルト（表）

パンツ（表）

前ウエストベルト（表） わ

⑤ 0.2ステッチをかける

4

左脇

2

ゴムテープ

⑥ 重ねて縫う

後ろパンツ（裏）

前パンツ（裏）

F
boat neck pullover
ボートネックプルオーバー

★★☆
p.09

出来上り寸法
S＝バスト99.5cm、袖丈24.7cm、着丈58cm
M＝バスト103.5cm、袖丈25cm、着丈58cm
L＝バスト107.5cm、袖丈25.3cm、着丈58cm
LL＝バスト111.5cm、袖丈25.6cm、着丈58cm

パターン … 2（表）

材料
表布 ベルギーリネンローン（生地の森）＝108cm幅 1m40cm

裁ち方と作り方のポイント
- 衿ぐり縁とり布は、裁合せ図に示した寸法で裁断します。
- カフスは、袖口から続け裁ちしています。折った時に脇が不足しないよう、縫い代は「袖口の縫い代のつけ方」を参考につけてください。
- 裾を折り返した時に脇が余らないよう、縫い代は「裾の縫い代のつけ方」を参考につけてください。

準備
- 前後身頃の脇の縫い代をロックミシンで始末します。

作り方順序
1) 衿ぐりを縁とり布でくるむ。
2) 前後の肩を重ねて縫う。
3) スリットを縫う。
4) 脇を縫い、裾を始末する。
5) 袖を作る。袖口を折り返し、袖下を縫う。袖口の縫い代を縫いとめる。
6) 袖をつける。

作り方順序

裁合せ図

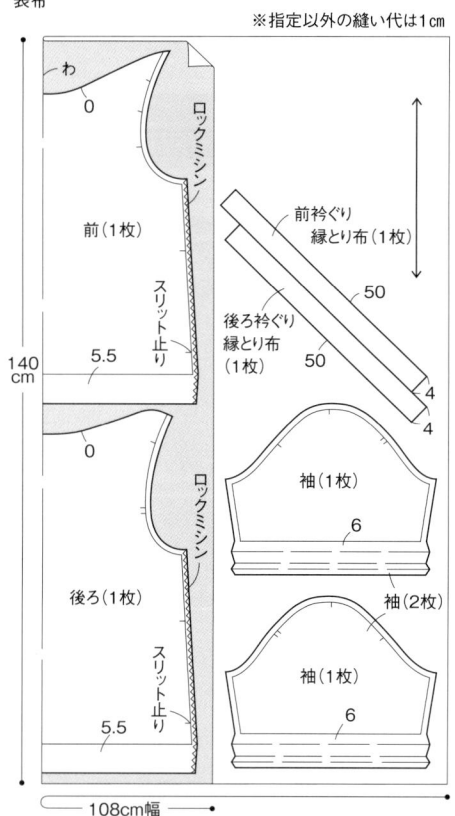

表布
※指定以外の縫い代は1cm

〈袖口の縫い代のつけ方〉

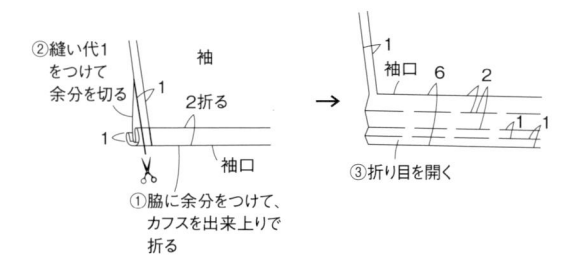

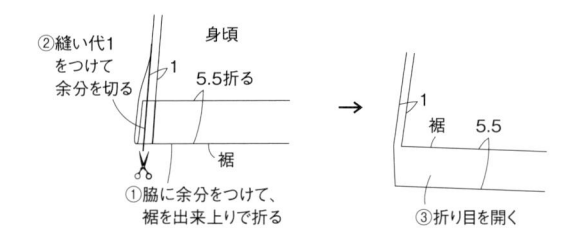

〈裾の縫い代のつけ方〉

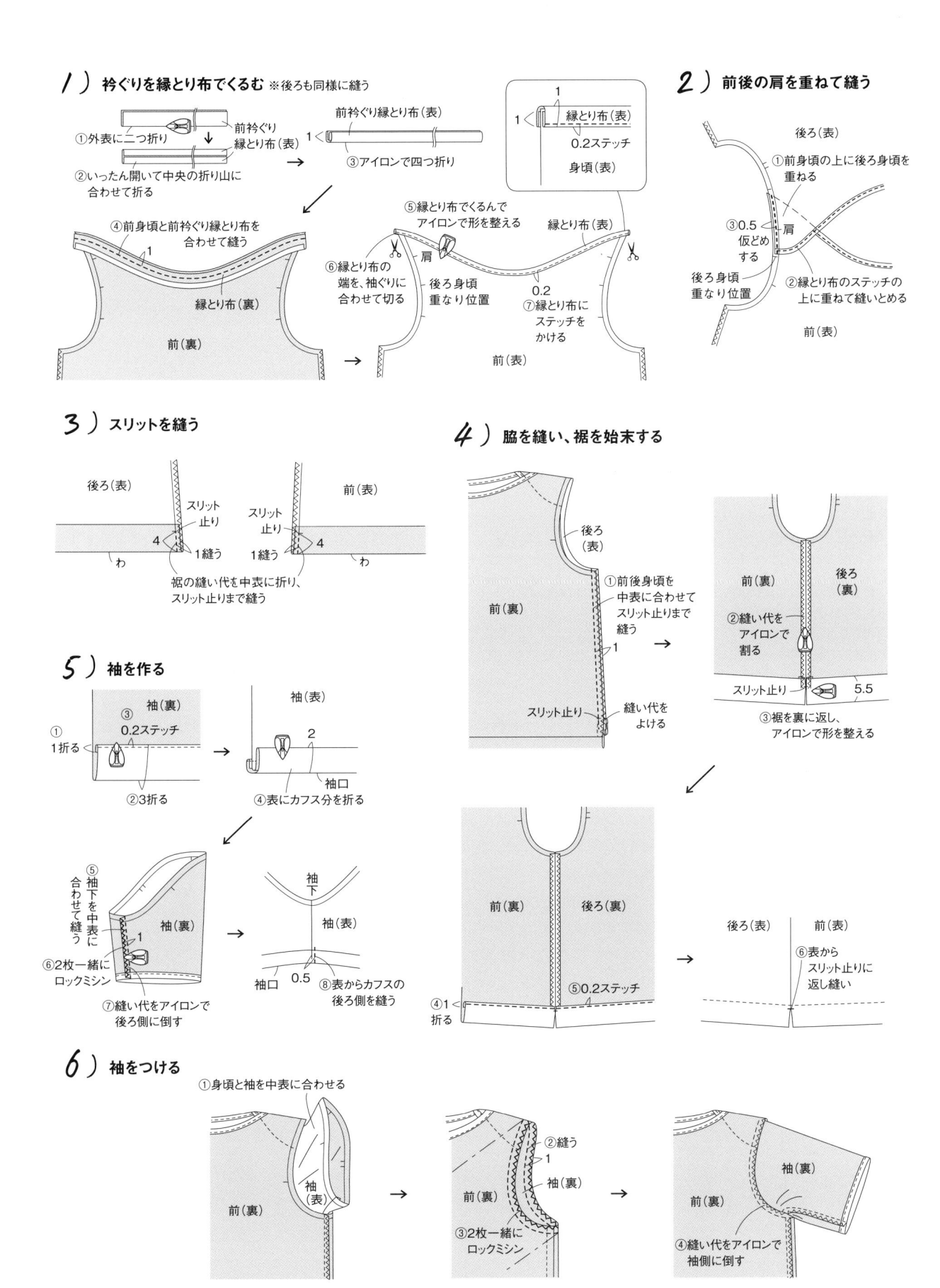

1） 衿ぐりを縁とり布でくるむ ※後ろも同様に縫う

- ①外表に二つ折り
- ②いったん開いて中央の折り山に合わせて折る
- ③アイロンで四つ折り
- 前衿ぐり縁とり布（表）
- 0.2ステッチ
- 身頃（表）
- ④前身頃と前衿ぐり縁とり布を合わせて縫う
- 縁とり布（裏）
- 前（裏）
- ⑤縁とり布でくるんでアイロンで形を整える
- 肩
- 縁とり布（表）
- 後ろ身頃重なり位置
- ⑥縁とり布の端を、袖ぐりに合わせて切る
- ⑦縁とり布にステッチをかける
- 0.2
- 前（表）

2） 前後の肩を重ねて縫う

- ①前身頃の上に後ろ身頃を重ねる
- 後ろ（表）
- ③0.5仮どめする
- 肩
- 後ろ身頃重なり位置
- ②縁とり布の上にステッチの上に重ねて縫いとめる
- 前（表）

3） スリットを縫う

- 後ろ（表）／前（表）
- スリット止り
- 4
- 1縫う
- わ
- 裾の縫い代を中表に折り、スリット止りまで縫う

4） 脇を縫い、裾を始末する

- 前（裏）／後ろ（表）
- ①前後身頃を中表に合わせてスリット止りまで縫う
- 1
- スリット止り
- 縫い代をよける
- 前（裏）／後ろ（裏）
- ②縫い代をアイロンで割る
- スリット止り
- 5.5
- ③裾を裏に返し、アイロンで形を整える
- 前（裏）／後ろ（裏）
- ⑤0.2ステッチ
- ④1折る
- 4
- 後ろ（表）／前（表）
- ⑥表からスリット止りに返し縫い

5） 袖を作る

- 袖（裏）
- ③0.2ステッチ
- ①1折る
- ②3折る
- 袖（表）
- 2
- 袖口
- ④表にカフス分を折る
- ⑤袖下を中表に合わせて縫う
- 袖（裏）
- 1
- ⑥2枚一緒にロックミシン
- ⑦縫い代をアイロンで後ろ側に倒す
- 袖（表）
- 袖下
- 袖口
- 0.5
- ⑧表からカフスの後ろ側を縫う

6） 袖をつける

- ①身頃と袖を中表に合わせる
- 前（裏）
- 袖（表）
- ②縫う
- 1
- 袖（裏）
- 前（裏）
- ③2枚一緒にロックミシン
- ④縫い代をアイロンで袖側に倒す
- 前（裏）
- 袖（裏）

R
boat neck tunic
ボートネックチュニック

★★☆
p.24

♯出来上り寸法
S＝バスト99.5cm、袖丈38.7cm、着丈81cm
M＝バスト103.5cm、袖丈39cm、着丈81cm
L＝バスト107.5cm、袖丈39.3cm、着丈81cm
LL＝バスト111.5cm、袖丈39.6cm、着丈81cm

♯パターン … 2（表）

♯材料
表布 リネン（チェック＆ストライプ）＝110cm幅 2m60cm
接着テープ＝0.9cm幅 40cm（前身頃ポケット口用）

♯裁ち方と作り方のポイント
- 衿ぐり縁とり布は、裁合せ図に示した寸法で裁断します。
- 袖口はスリットを入れています。折った時に脇が不足しないよう、縫い代は「袖口の縫い代のつけ方」を参考につけてください。
- 裾を折り返した時に脇が余らないよう、縫い代は「裾の縫い代のつけ方」を参考につけてください。

♯準備
- 前身頃のポケット口の縫い代裏に、接着テープをはります。
- 前後身頃の脇、袖下、袋布の周囲の縫い代をロックミシンで始末します。

♯作り方順序
1) 衿ぐりを縁とり布でくるむ。→p.55 1)
2) 前後の肩を重ねて縫う。→p.55 2)
3) ポケットを作りながら、脇を縫う。
4) 裾を始末する。三つ折りにしてステッチをかける。
5) 袖口のスリットを縫い、袖を作る。
6) 袖をつける。→p.55 6)

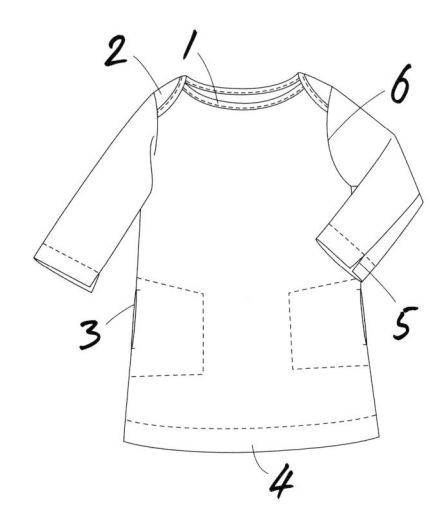

♯裁合せ図
※指定以外の縫い代は1cm

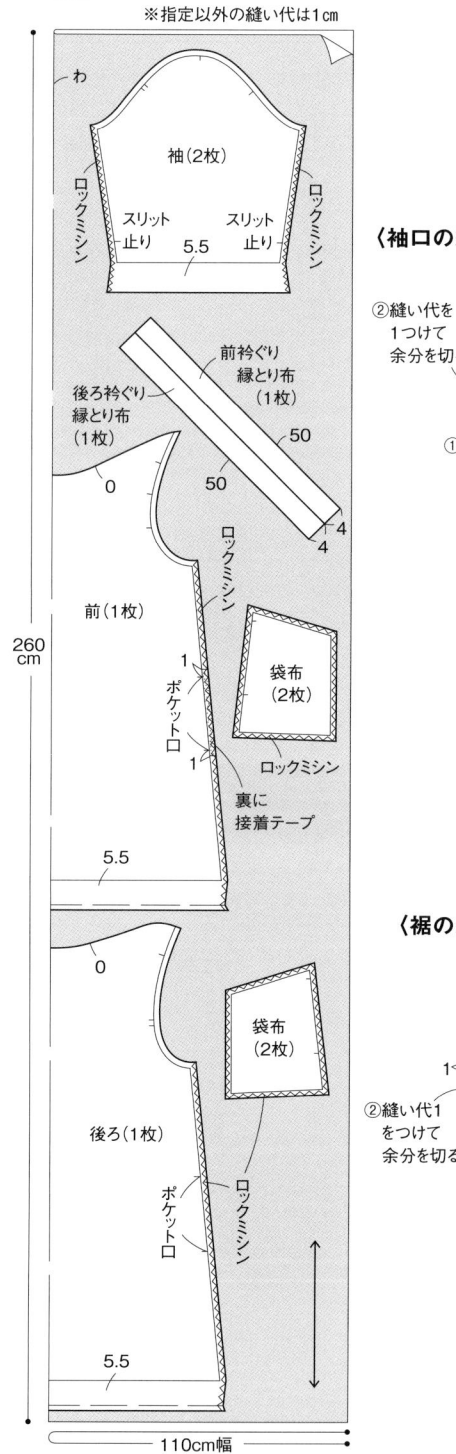

〈袖口の縫い代のつけ方〉

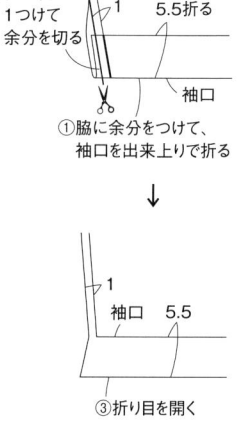

〈裾の縫い代のつけ方〉

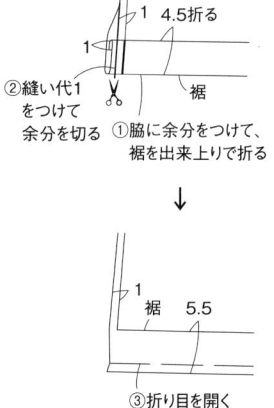

3）ポケットを作りながら、脇を縫う

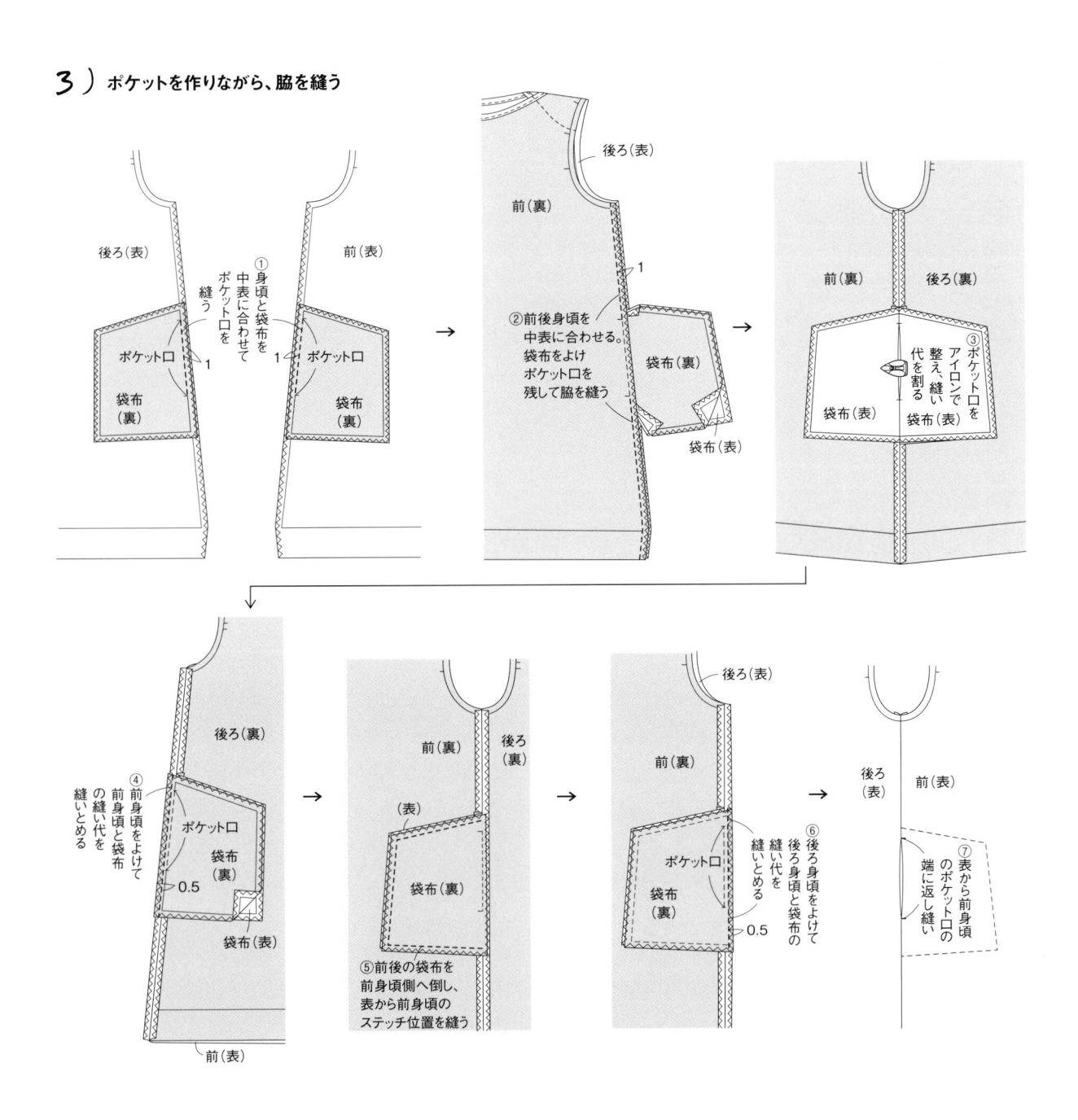

4）裾を始末する

5）袖口のスリットを縫い、袖を作る

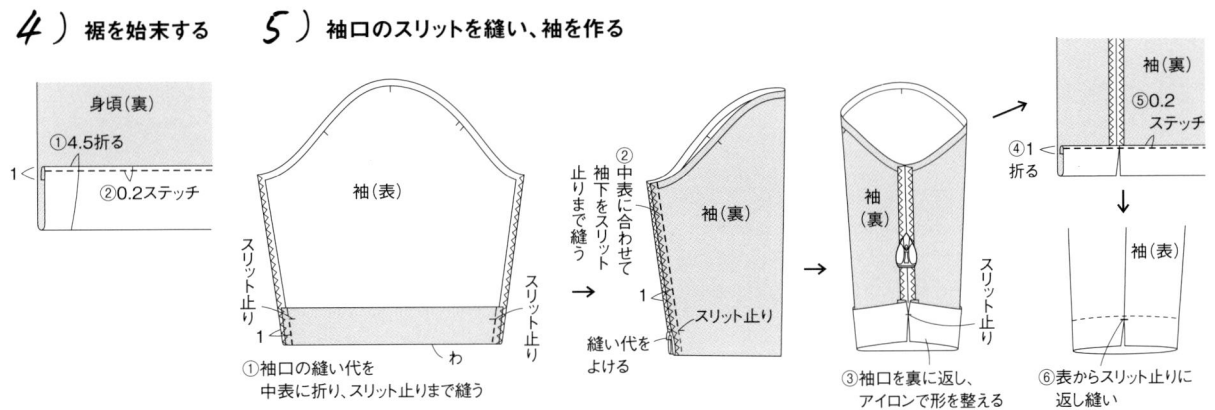

M
kimono sleeves pullover - linen
キモノスリーブプルオーバー

★☆☆
p.19

X
kimono sleeves pullover - wool
キモノスリーブプルオーバー

★☆☆
p.31

✂ 出来上り寸法
フリーサイズ＝バスト116cm、着丈55cm

✂ 材料
M：表布 リネン(オカダヤ)＝150cm幅 1m30cm
X：表布 ウールガーゼ(布もよう)＝130cm幅 1m30cm

✂ 裁ち方と作り方のポイント
- 付録のパターンがないので、製図を引いてパターンを作ります。
- 衿ぐりバイアス布は、裁合せ図に示した寸法で裁断します。
- 肩にはぎ目がなく、前後身頃がつながったデザインです。衿ぐりの裁断は、前後中心をわにした生地を切り抜きます。

✂ 作り方順序
1) 衿ぐりを始末する。
2) 脇を縫う。
3) 袖口、裾を始末する。三つ折りにしてステッチをかける。

✂ 製図

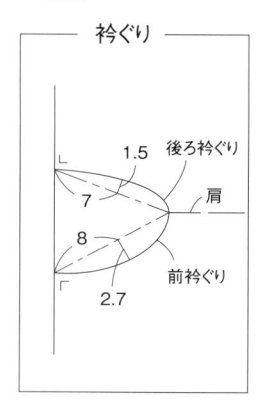

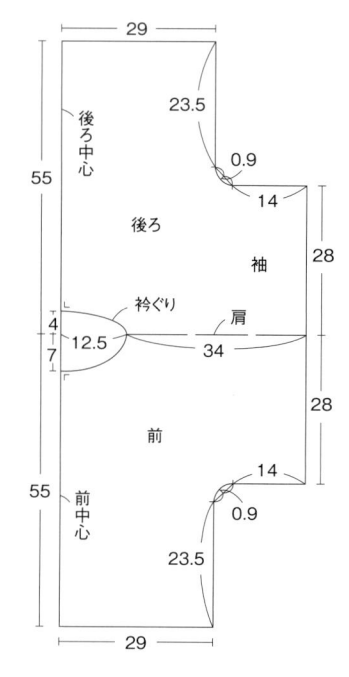

【衿ぐり】
後ろ衿ぐり 1.5 / 7 / 肩 / 8 / 前衿ぐり 2.7

【身頃】
29（肩幅）
後ろ中心 55
23.5 / 0.9 / 14
後ろ / 袖 28
衿ぐり 4 / 7 / 12.5 / 肩 / 34
前
前中心 55
14 / 0.9 / 23.5
29

✂ 裁合せ図

M 表布
わ
5 / 1
後ろ中心
身頃(1枚)
130cm
肩
0.5
衿ぐりバイアス布(1枚)
3
前中心
1
59
5
150cm幅

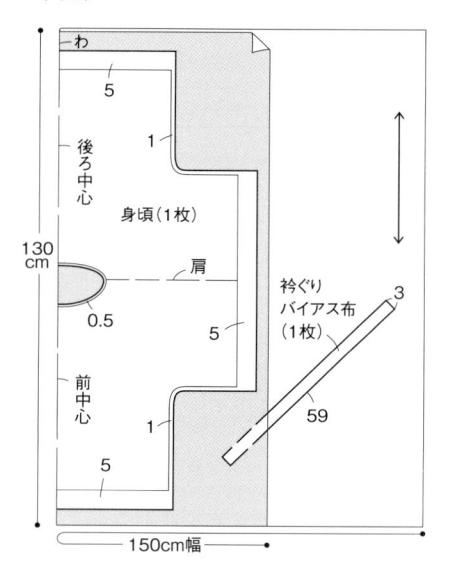

X 表布
わ
5 / 1
衿ぐりバイアス布(1枚)
59
3
後ろ中心
身頃(1枚)
130cm
肩
0.5
前中心
1
5
130cm幅

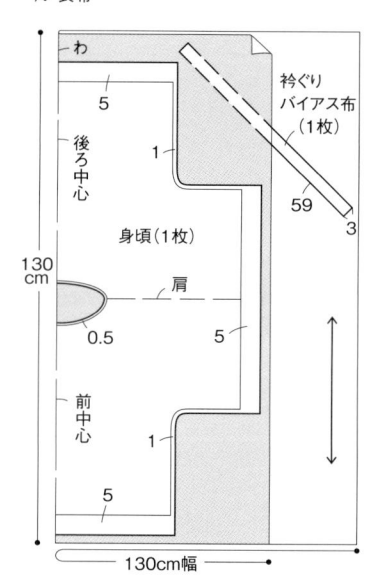

✂ 作り方順序

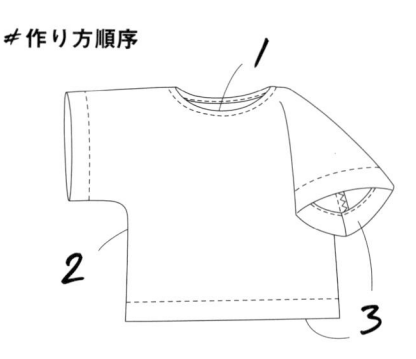

1 / 2 / 3

1）衿ぐりを始末する

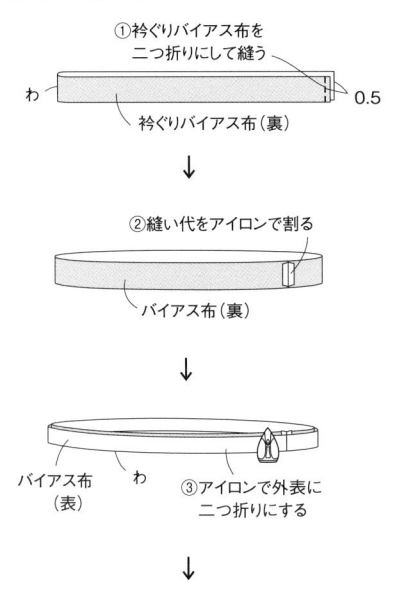

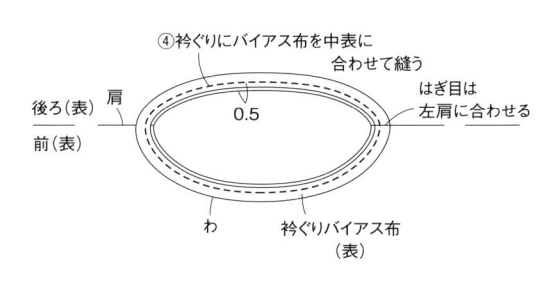

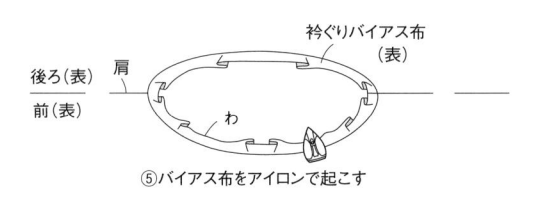

①衿ぐりバイアス布を二つ折りにして縫う
衿ぐりバイアス布（裏）
わ
0.5

②縫い代をアイロンで割る
バイアス布（裏）

③アイロンで外表に二つ折りにする
バイアス布（表）
わ

④衿ぐりにバイアス布を中表に合わせて縫う
0.5
はぎ目は左肩に合わせる
後ろ（表）／前（表）　肩
わ
衿ぐりバイアス布（表）

⑤バイアス布をアイロンで起こす
後ろ（表）／前（表）　肩
衿ぐりバイアス布（表）
わ

⑥バイアス布を裏に返し、アイロンで形を整えてから縫う
0.2ステッチ
後ろ（裏）／前（裏）　肩
バイアス布を0.1控える
わ
衿ぐりバイアス布（表）

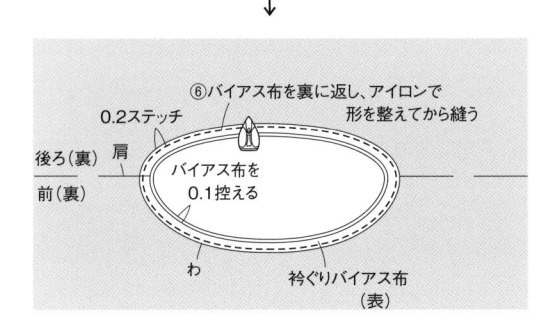

2）脇を縫う

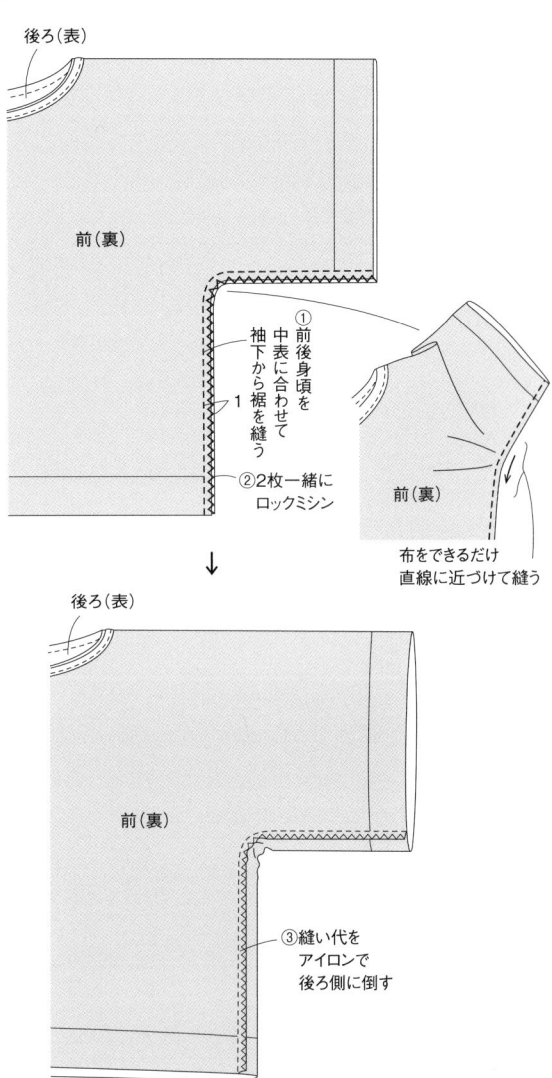

後ろ（表）
前（裏）

①前後身頃を中表に合わせて袖下から裾を縫う
1
②2枚一緒にロックミシン

布をできるだけ直線に近づけて縫う

後ろ（表）
前（裏）

③縫い代をアイロンで後ろ側に倒す

3）袖口、裾を始末する

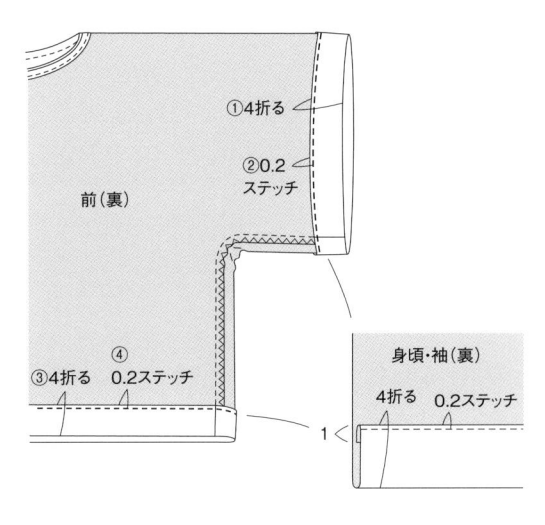

前（裏）

①4折る
②0.2ステッチ

③4折る
④0.2ステッチ

身頃・袖（裏）
4折る　0.2ステッチ
1

C
tuck dress
タックドレス

★★☆
p.06

♯ 出来上り寸法
- S＝バスト94cm、袖丈30.7cm、着丈103cm
- M＝バスト98cm、袖丈31cm、着丈103cm
- L＝バスト102cm、袖丈31.3cm、着丈103cm
- LL＝バスト108cm、袖丈31.6cm、着丈103cm

♯ パターン … 1（裏）

♯ 材料
表布 コットン（チェック＆ストライプ）＝110cm幅 2m90cm
接着芯＝30×75cm（見返し、前身頃の前中心用）

♯ 準備
- 見返しは粗裁ちして裏に接着芯をはり、パターンに合わせて裁断します。
- 「前身頃の接着芯のはり方」を参考に、衿ぐりの前中心の裏に接着芯をはります。

♯ 作り方順序
1) 見返しの肩を縫う。
2) 肩を縫う。
3) 衿ぐりを見返しで縫い返す。
4) 身頃の脇を縫う。
5) 前後身頃のタックをたたみ、仮どめする。
6) 袖を作る。
7) 袖をつける。→p.82 9)
8) スカートの脇を縫う。
9) 裾を始末する。三つ折りにしてステッチをかける。
10) スカートのタックをたたみ、仮どめする。
11) 身頃とスカートを縫い合わせる。

♯ 裁合せ図

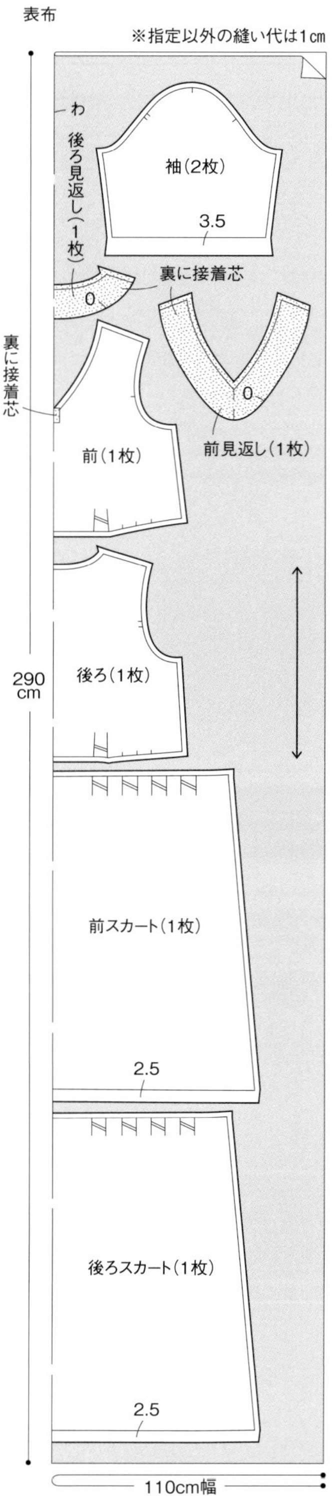

表布
※指定以外の縫い代は1cm

〈前身頃の接着芯のはり方〉
①衿ぐりの前中心に芯をはる
②衿ぐりの布端に合わせて余分を切る

♯ 作り方順序

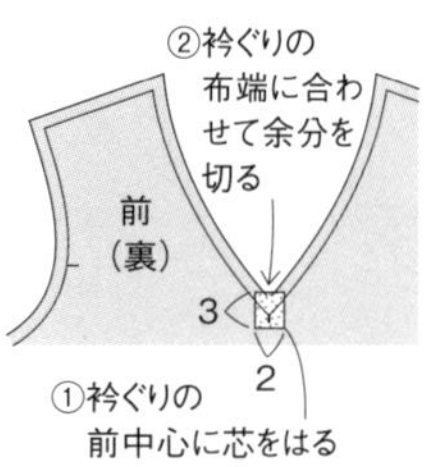

1) 見返しの肩を縫う

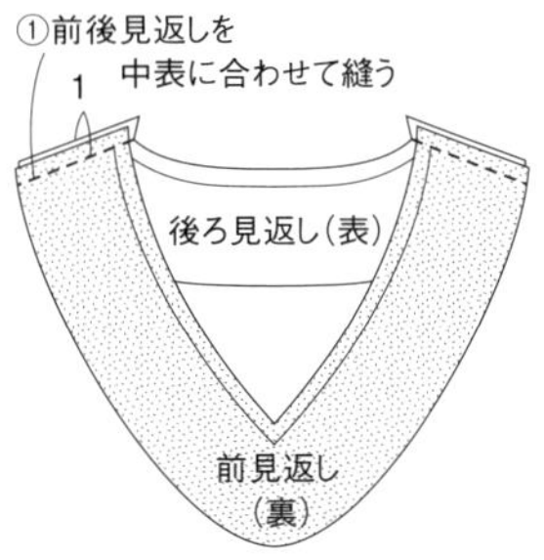

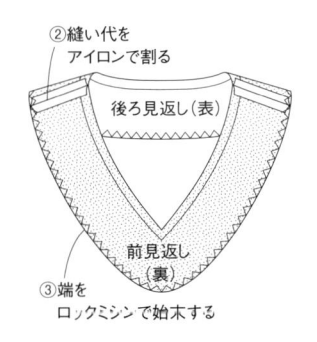

- ①前後見返しを中表に合わせて縫う
- ②縫い代をアイロンで割る
- ③端をロックミシンで始末する

2) 肩を縫う

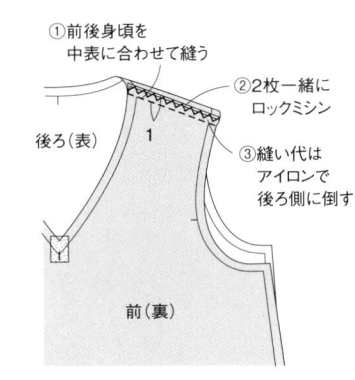

- ①前後身頃を中表に合わせて縫う
- ②2枚一緒にロックミシン
- ③縫い代はアイロンで後ろ側に倒す

3) 衿ぐりを見返しで縫い返す

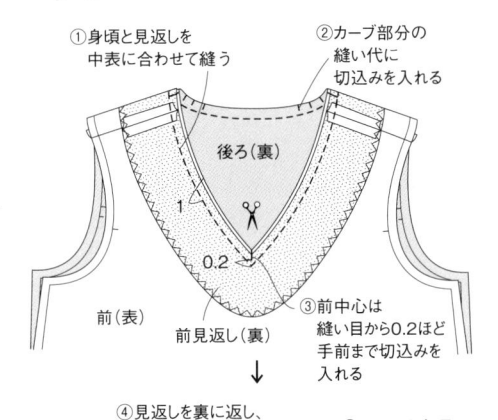

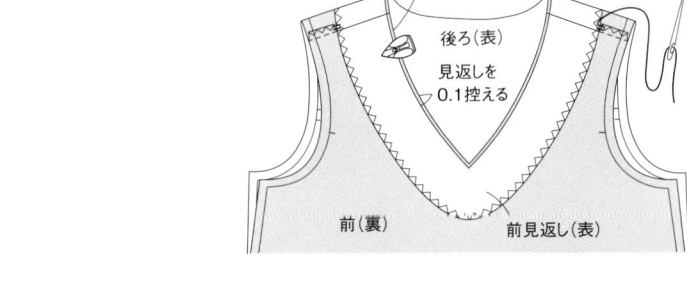

- ①身頃と見返しを中表に合わせて縫う
- ②カーブ部分の縫い代に切込みを入れる
- ③前中心は縫い目から0.2ほど手前まで切込みを入れる
- ④見返しを裏に返し、アイロンで形を整える
- 見返しを0.1控える
- ⑤見返しを身頃の縫い代にまつる

4) 身頃の脇を縫う

- ①前後身頃を中表に合わせて縫う
- ②2枚一緒にロックミシン
- ③縫い代はアイロンで後ろ側に倒す

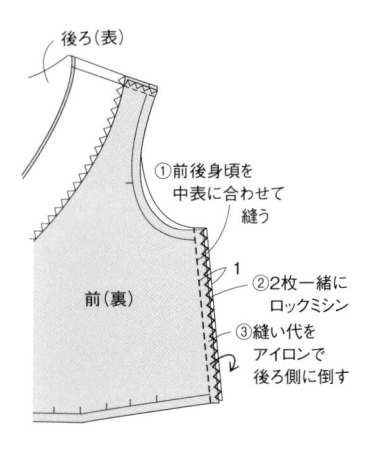

5) 身頃のタックをたたむ

※後ろ身頃も同様にたたむ

- ①タックをたたみ、アイロンで押さえる
- ②ミシンで仮どめする

6) 袖を作る

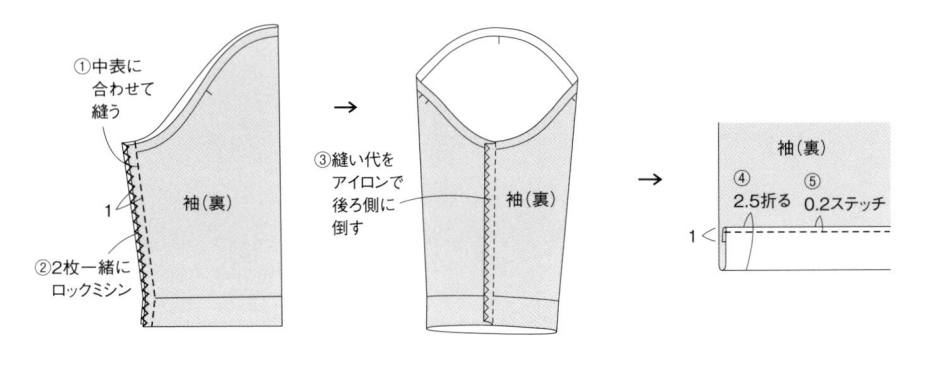

- ①中表に合わせて縫う
- ②2枚一緒にロックミシン
- ③縫い代をアイロンで後ろ側に倒す
- ④2.5折る
- ⑤0.2ステッチ

8) スカートの脇を縫う

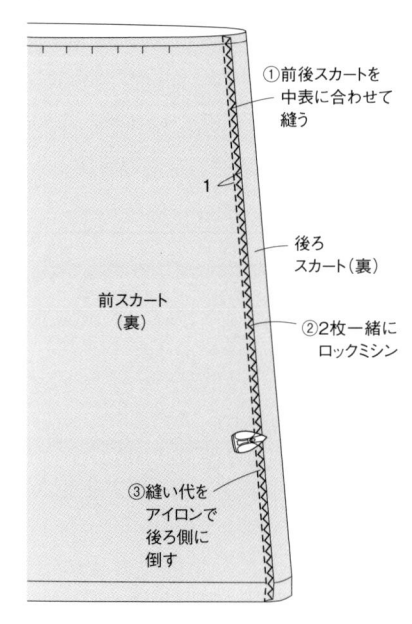

① 前後スカートを中表に合わせて縫う

後ろスカート(裏)

前スカート(裏)

② 2枚一緒にロックミシン

③ 縫い代をアイロンで後ろ側に倒す

9) 裾の始末をする

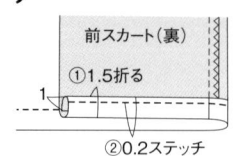

前スカート(裏)

① 1.5折る

② 0.2ステッチ

10) スカートのタックをたたむ

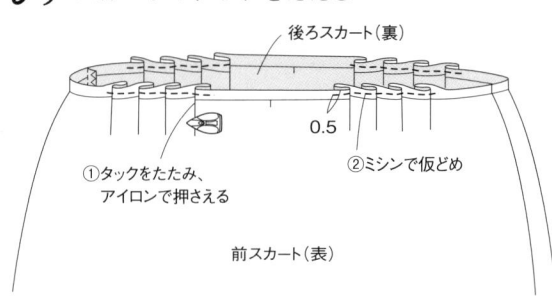

後ろスカート(裏)

① タックをたたみ、アイロンで押さえる

② ミシンで仮どめ

0.5

前スカート(表)

11) 身頃とスカートを縫い合わせる

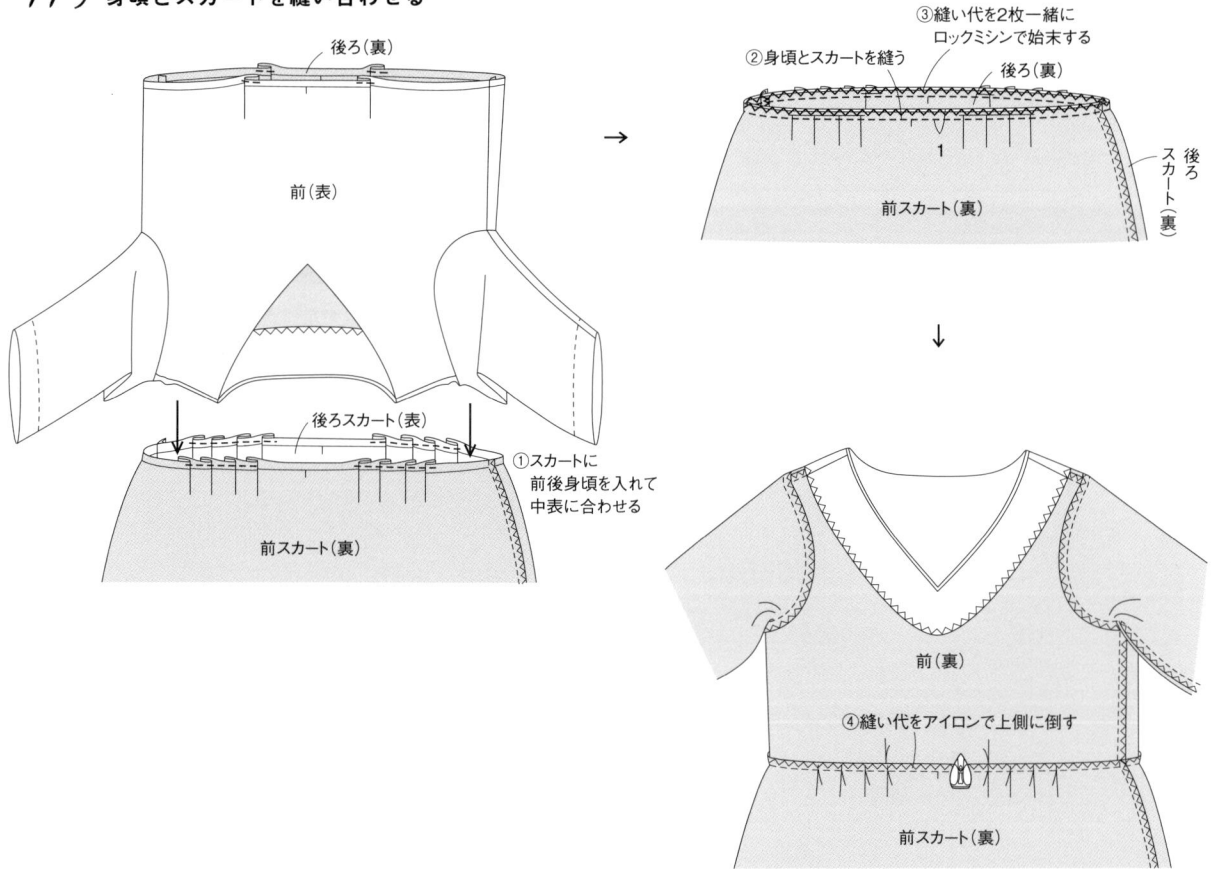

後ろ(裏)

前(表)

後ろスカート(表)

前スカート(裏)

① スカートに前後身頃を入れて中表に合わせる

② 身頃とスカートを縫う

③ 縫い代を2枚一緒にロックミシンで始末する

後ろ(裏)

後ろスカート(裏)

前スカート(裏)

前(裏)

④ 縫い代をアイロンで上側に倒す

前スカート(裏)

T
all in one

オールインワン

★★★
p.26

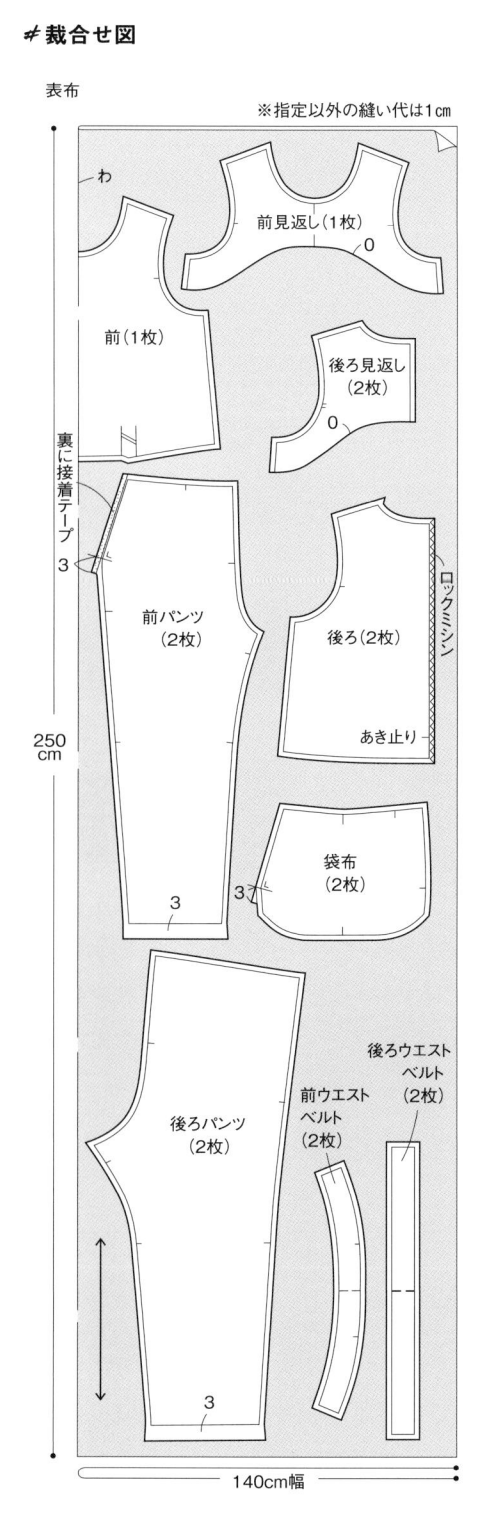

出来上り寸法
S = バスト91cm、着丈130cm
M = バスト95cm、着丈130cm
L = バスト99cm、着丈130cm
LL = バスト103cm、着丈130cm

裁合せ図

表布
※指定以外の縫い代は1cm

- わ
- 前見返し(1枚)
- 前(1枚)
- 後ろ見返し(2枚)
- 裏に接着テープ 3
- 前パンツ(2枚)
- 後ろ(2枚)
- ロックミシン
- あき止り
- 袋布(2枚)
- 後ろパンツ(2枚)
- 前ウエストベルト(2枚)
- 後ろウエストベルト(2枚)

250cm / 140cm幅

パターン … 2(裏)

材料
表布 リネン(オカダヤ)=140cm幅 2m50cm
接着テープ=0.9cm幅 45cm
コンシールファスナー=52cmを1本
ゴムテープ=3cm幅 S:44cm、M:46cm、L:48cm、LL:50cm

準備
- 前パンツのポケット口の縫い代裏に、接着テープをはります。
- 後ろ中心の布端をロックミシンで始末します。

作り方順序
1) 後ろ中心をあき止りから下端まで縫う。縫い代は割る。
2) 身頃の肩と脇を縫う。
3) 見返しの肩を縫う。
4) 衿ぐりを見返しで縫い返す。
5) 袖ぐりを見返しで縫い返す。
6) コンシールファスナーをつける。
7) ポケットを作る。→p.52 1)
8) 股上を縫う。
9) ウエストベルトをつける。
10) 後ろウエストベルトにゴムテープをつける。
11) ベルトとパンツの脇、股下を縫う。
12) 裾を始末する。三つ折りにしてステッチをかける。
13) 前身頃のタックをたたむ。→p.61 5)
14) 身頃とウエストベルトを縫い合わせる。

作り方順序

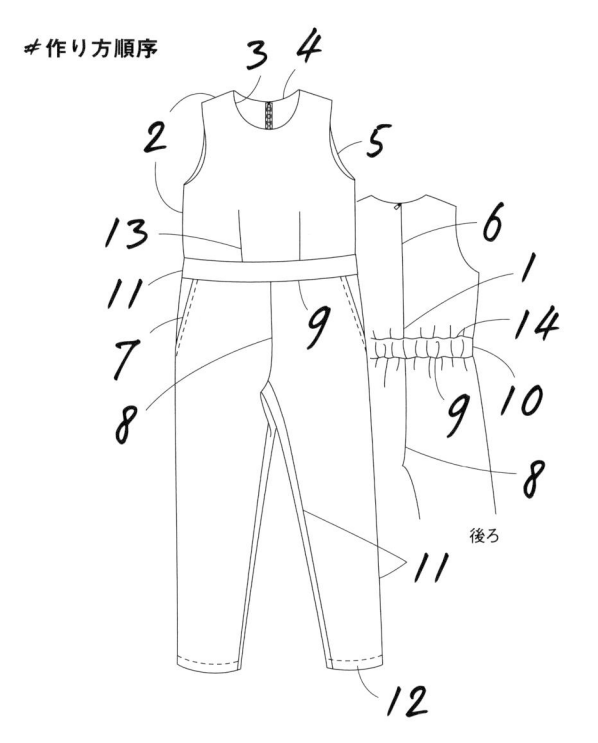

1) 後ろ中心を縫う

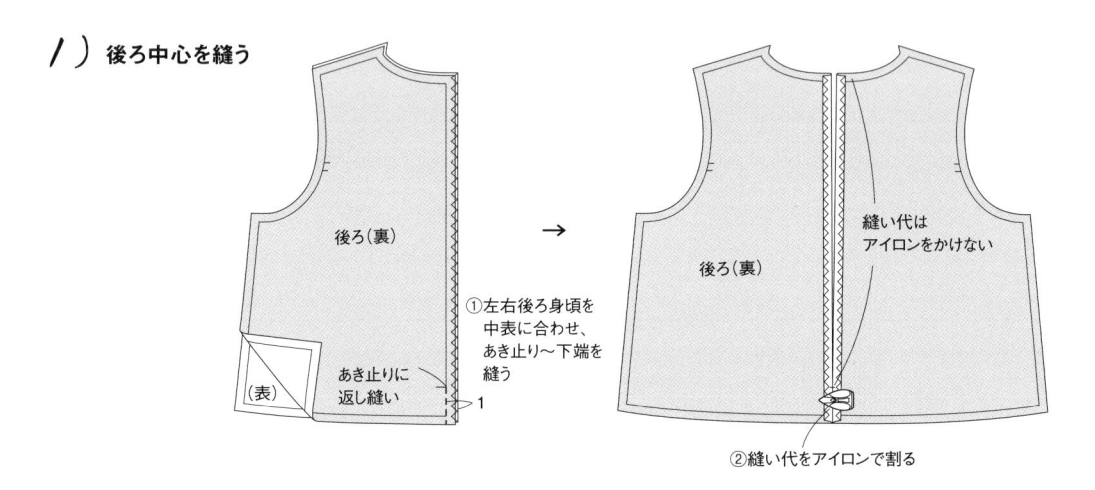

①左右後ろ身頃を中表に合わせ、あき止り〜下端を縫う
あき止りに返し縫い
後ろ(裏)
(表)
1

縫い代はアイロンをかけない
②縫い代をアイロンで割る
後ろ(裏)

2) 身頃の肩と脇を縫う

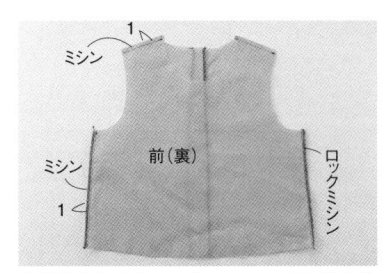

ミシン
1
ロックミシン
前(裏)
1
ミシン

①前後身頃を中表に合わせて、肩と脇を縫う。脇の縫い代は2枚一緒にロックミシンで始末する。

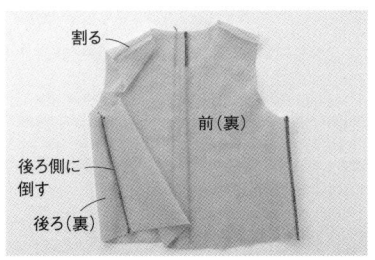

割る
前(裏)
後ろ側に倒す
後ろ(裏)

②肩の縫い代はアイロンで割り、脇は後ろ側に倒す。

3) 見返しの肩を縫う

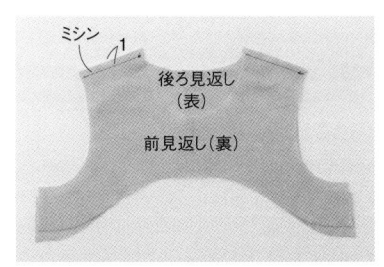

ミシン
1
後ろ見返し(表)
前見返し(裏)

①前後見返しを中表に合わせて、肩を縫う。

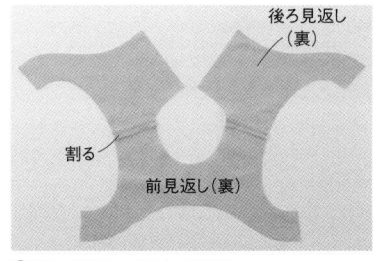

後ろ見返し(裏)
割る
前見返し(裏)

②縫い代をアイロンで割る。

4) 衿ぐりを見返しで縫い返す

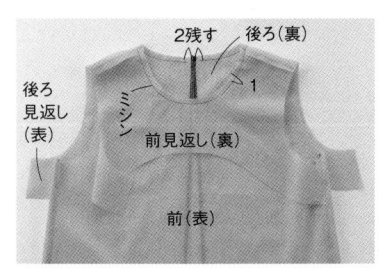

2残す
後ろ(裏)
1
後ろ見返し(表)
ミシン
前見返し(裏)
前(表)

①身頃と見返しを中表に合わせて、衿ぐりを縫う。

前見返し(裏)
後ろ見返し(裏)
0.1〜0.2残す

②カーブ部分の縫い代に切込みを入れる。

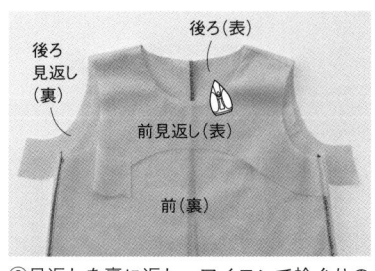

後ろ(表)
後ろ見返し(裏)
前見返し(表)
前(裏)

③見返しを裏に返し、アイロンで衿ぐりの形を整える。

5）袖ぐりを見返しで縫い返す

※前身頃と後ろ身頃を、それぞれ別々に縫う。前の袖ぐりは前身頃と前見返しを中表に合わせて縫い、後ろの袖ぐりは後ろ身頃と後ろ見返しを中表に合わせて縫い、表に返す。

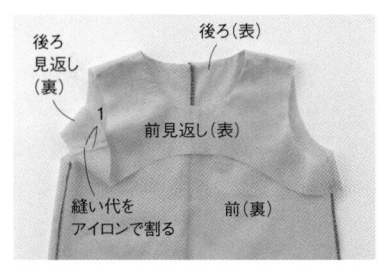

①見返しの脇を縫う。身頃をよけて、前後見返しを中表に合わせて縫う。

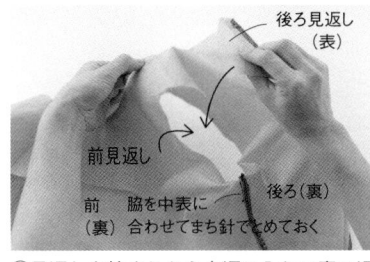

②見返しを袖ぐりから身頃に入れて裏に返し、袖ぐりを中表に合わせる。

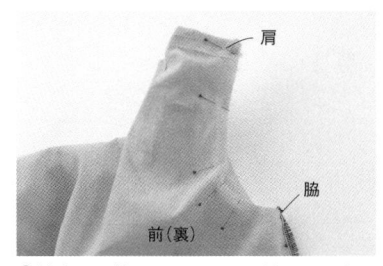

③前身頃と前見返しを肩から袖ぐり下まで合わせて、まち針でとめる。

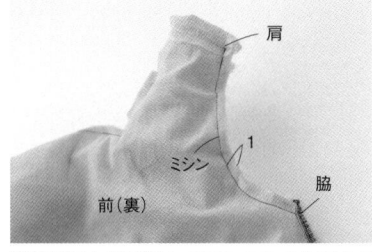

④前身頃と前見返しの肩から袖ぐり下まで縫う。

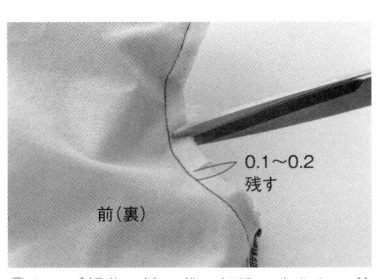

⑤カーブ部分の縫い代に切込みを入れ、前見返しを裏に返す。

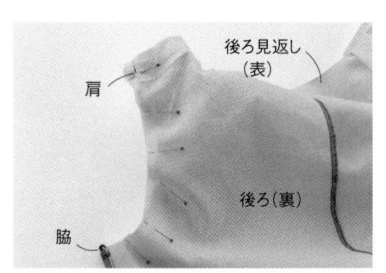

⑥後ろ身頃と後ろ見返しも同様に縫う。中表に合わせて肩から袖ぐり下まで縫い、縫い代に切込みを入れ、後ろ見返しを裏に返す。

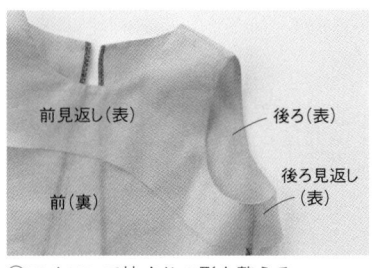

⑦アイロンで袖ぐりの形を整える。

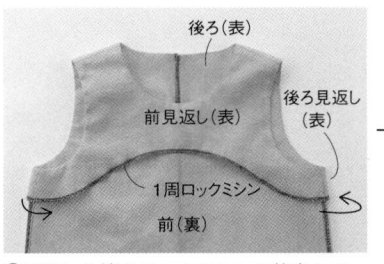

⑧見返しの端をロックミシンで始末して、身頃を表に返す。

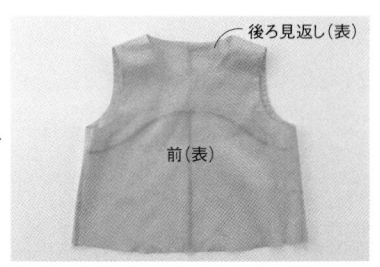

⑨身頃を表に返す。

6）コンシールファスナーをつける

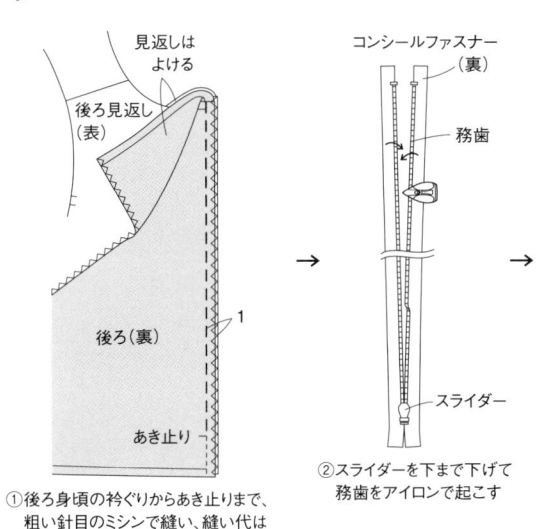

①後ろ身頃の衿ぐりからあき止りまで、粗い針目のミシンで縫い、縫い代はアイロンで割る

②スライダーを下まで下げて務歯をアイロンで起こす

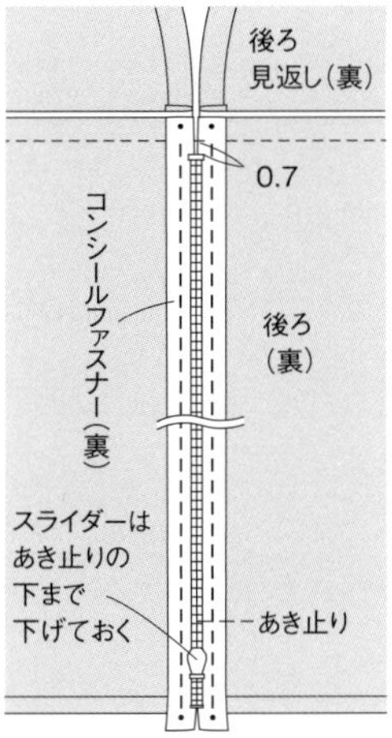

③ファスナーをつけ位置に合わせて、両側とも後ろ中心の縫い代のみに仮どめする。あき部分を縫った粗い針目の糸を抜く

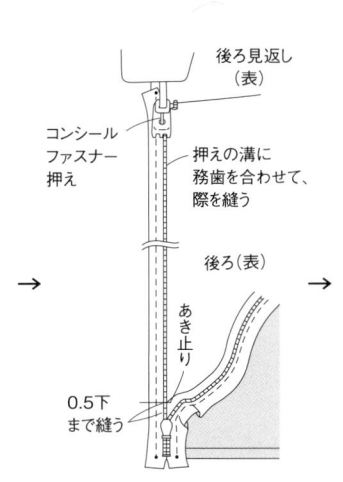

④ミシンの押えをコンシールファスナー押えに替えて上端からあき止りより0.5cm下まで縫う。もう片方も同様に縫う

p.65の続き →

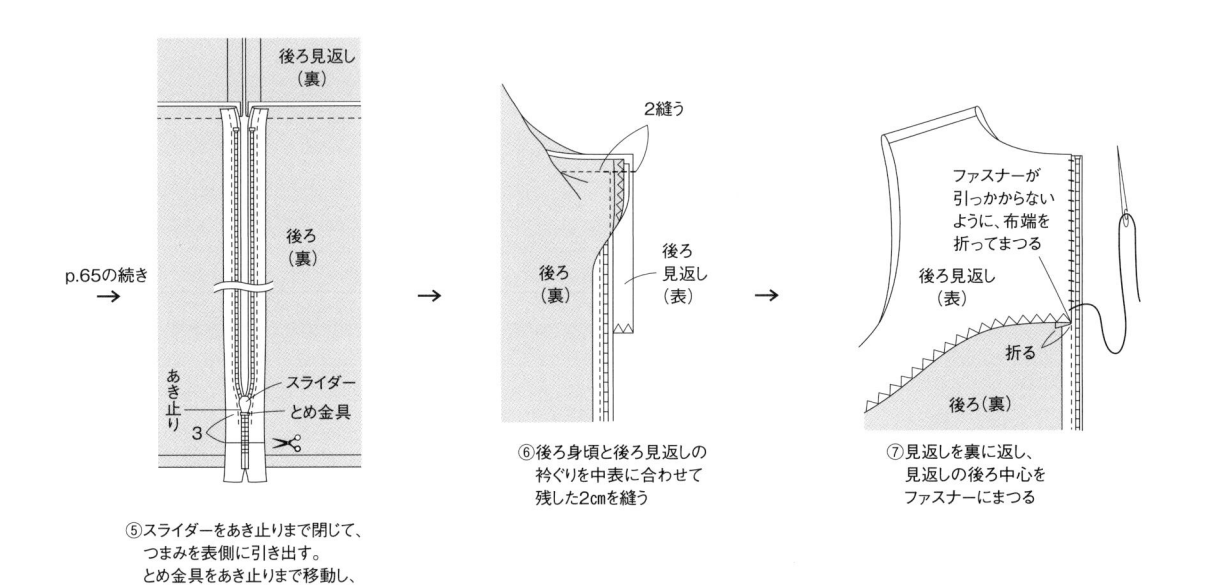

後ろ見返し(裏)

後ろ(裏)

スライダー
とめ金具
あき止り
3

⑤スライダーをあき止りまで閉じて、つまみを表側に引き出す。とめ金具をあき止りまで移動し、ペンチで締めて固定し、3cm残してカットする

→

2縫う

後ろ(裏)

後ろ見返し(表)

⑥後ろ身頃と後ろ見返しの衿ぐりを中表に合わせて残した2cmを縫う

→

ファスナーが引っかからないように、布端を折ってまつる

後ろ見返し(表)

折る

後ろ(裏)

⑦見返しを裏に返し、見返しの後ろ中心をファスナーにまつる

8）股上を縫う ※後ろも同様に縫う

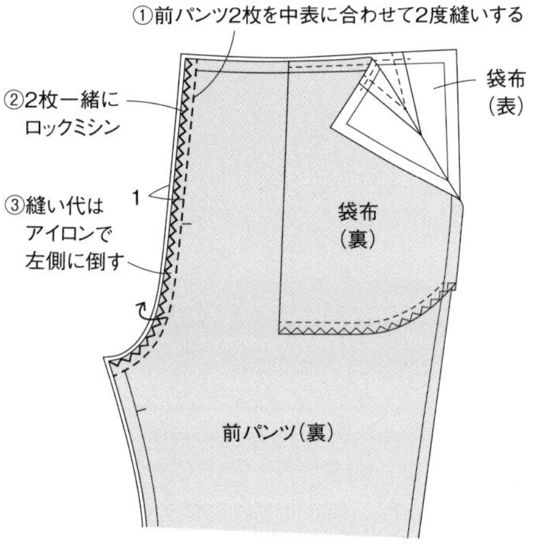

①前パンツ2枚を中表に合わせて2度縫いする
②2枚一緒にロックミシン
③縫い代はアイロンで左側に倒す

袋布(表)
袋布(裏)
前パンツ(裏)

9）ウエストベルトをつける ※後ろも同様につける

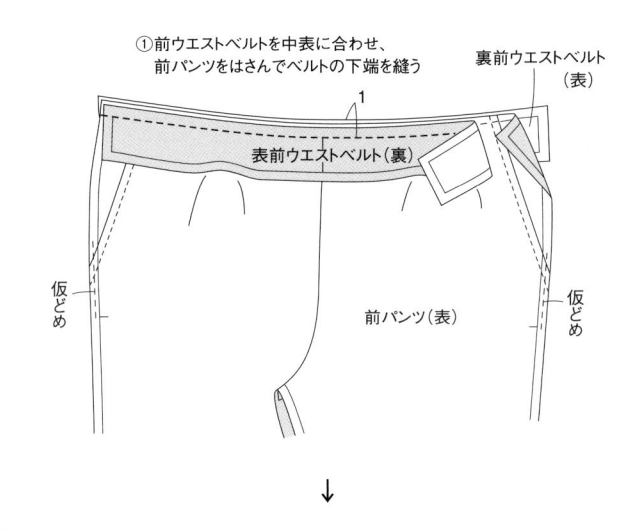

①前ウエストベルトを中表に合わせ、前パンツをはさんでベルトの下端を縫う

裏前ウエストベルト(表)
表前ウエストベルト(裏)
仮どめ
前パンツ(表)
仮どめ

↓

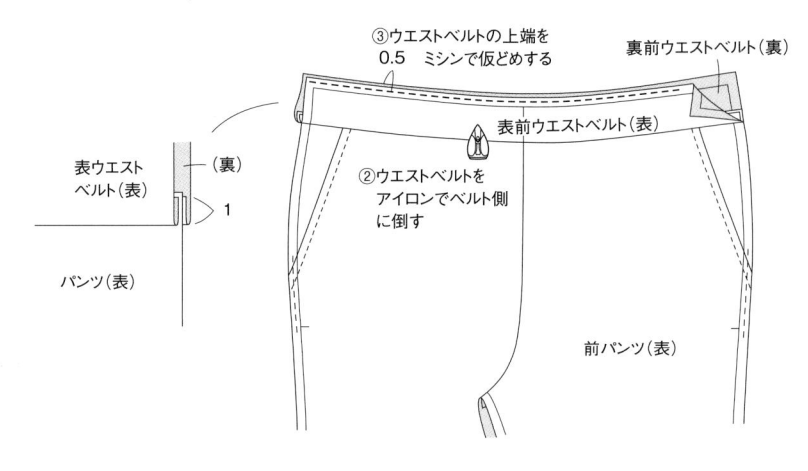

③ウエストベルトの上端を0.5 ミシンで仮どめする

裏前ウエストベルト(裏)
表前ウエストベルト(表)

②ウエストベルトをアイロンでベルト側に倒す

表ウエストベルト(表) (裏)
1
パンツ(表)

前パンツ(表)

10) 後ろベルトにゴムテープをつける

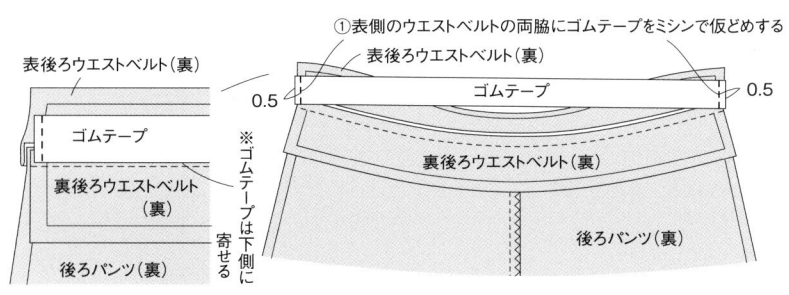

①表側のウエストベルトの両脇にゴムテープをミシンで仮どめする

表後ろウエストベルト(裏)
ゴムテープ
0.5　　　0.5
裏後ろウエストベルト(裏)
後ろパンツ(裏)

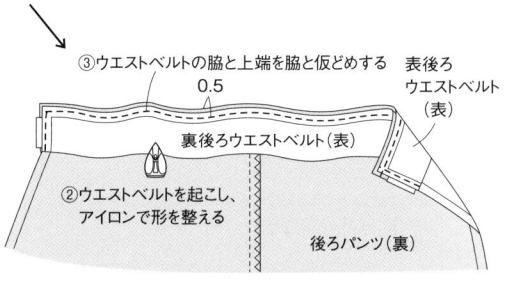

※ゴムテープは下側に寄せる

③ウエストベルトの脇と上端を脇と仮どめする
表後ろウエストベルト(表)
0.5
裏後ろウエストベルト(表)
②ウエストベルトを起こし、アイロンで形を整える
後ろパンツ(裏)

11) ベルトとパンツの脇、股下を縫う

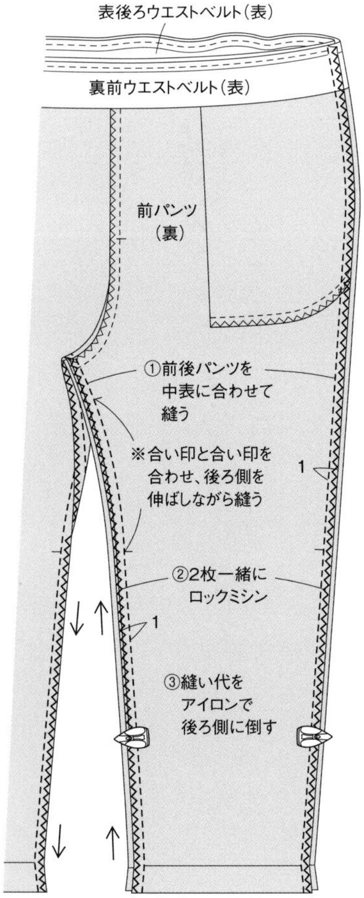

表後ろウエストベルト(表)
裏前ウエストベルト(表)
前パンツ(裏)

①前後パンツを中表に合わせて縫う

※合い印と合い印を合わせ、後ろ側を伸ばしながら縫う

②2枚一緒にロックミシン

③縫い代をアイロンで後ろ側に倒す

1

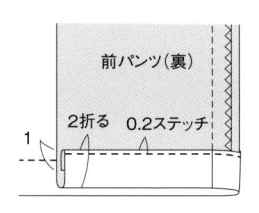

14) 身頃とウエストベルトを縫い合わせる

※身頃をパンツの中へ入れ、ウエストを中表に合わせる

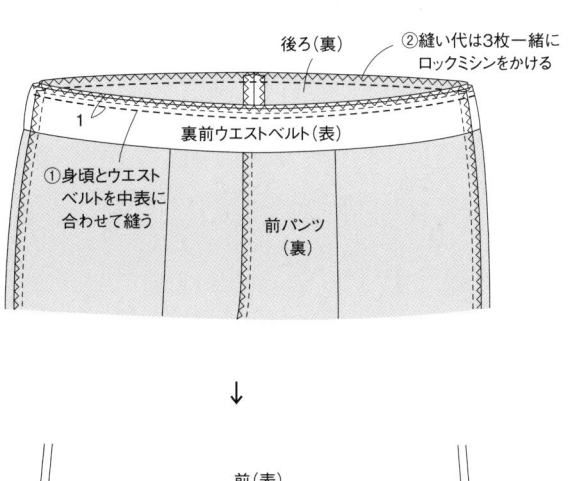

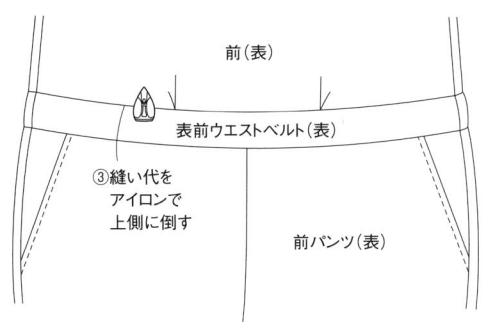

後ろ(裏)
②縫い代は3枚一緒にロックミシンをかける
裏前ウエストベルト(表)
①身頃とウエストベルトを中表に合わせて縫う
前パンツ(裏)
1

↓

前(表)
表前ウエストベルト(表)
③縫い代をアイロンで上側に倒す
前パンツ(表)

12) 裾を始末する

前パンツ(裏)
2折る　0.2ステッチ
1

67

E
peplum pullover

ペプラムプルオーバー

★★☆
p.08

出来上り寸法
フリーサイズ＝バスト119cm、袖丈45cm、着丈57.3cm

パターン … 2（表）

材料
表布 コットン（オカダヤ）＝110cm幅 2m10cm
接着テープ＝0.9cm幅 25cm
ゴムテープ＝1cm幅 96cm（ウエスト用）、
　　　　　　1cm幅 22cmを2本（袖口用）
ボタン＝直径1.1cmを1個

裁ち方のポイント
・衿ぐりバイアス布、ループは、裁合せ図に示した寸法で裁断します。

準備
・後ろ身頃のあき部分の縫い代裏に接着テープをはり、後ろ中心の布端をロックミシンで始末します。

作り方順序
1) 後ろ中心を縫い、あきを作る。
2) 肩を縫う。
3) ループを作り、つける。
4) 衿ぐりを始末する。
5) 袖をつける。
6) 袖下〜脇を続けて縫う。
7) 袖口を始末する。三つ折りにしてステッチをかける。
8) ペプラムの脇を縫う。
9) 裾を始末する。三つ折りにしてステッチをかける。→p.49 9)
10) 身頃とペプラムを縫い合わせる。
11) 袖口、ウエストにゴムテープを通す。ゴムテープの端は重ねて縫いとめ、ゴムテープ通し口をとじる。
12) ボタンをつける。

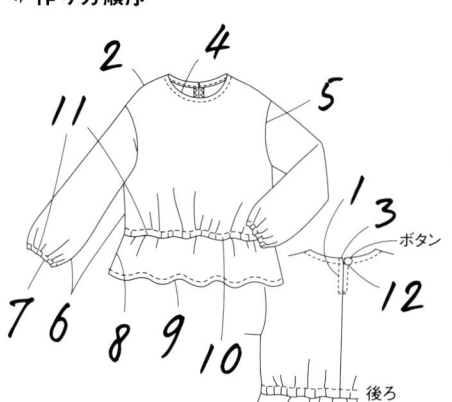

裁合せ図

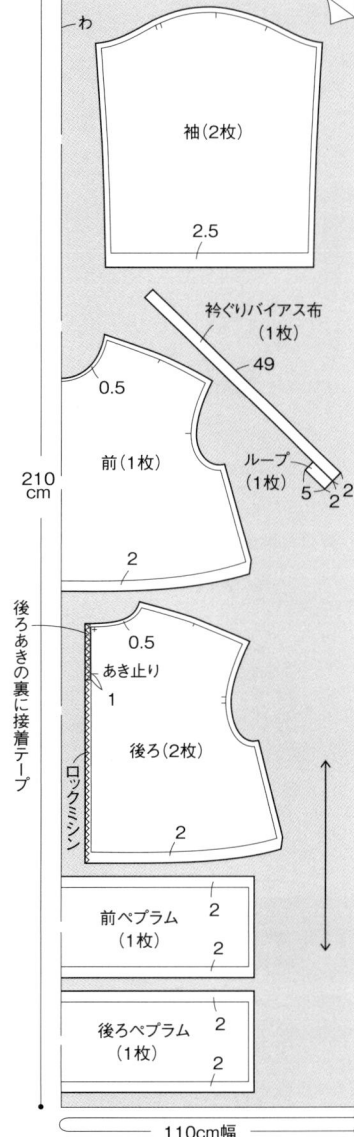

表布
※指定以外の縫い代は1cm

1) 後ろ中心を縫い、あきを作る

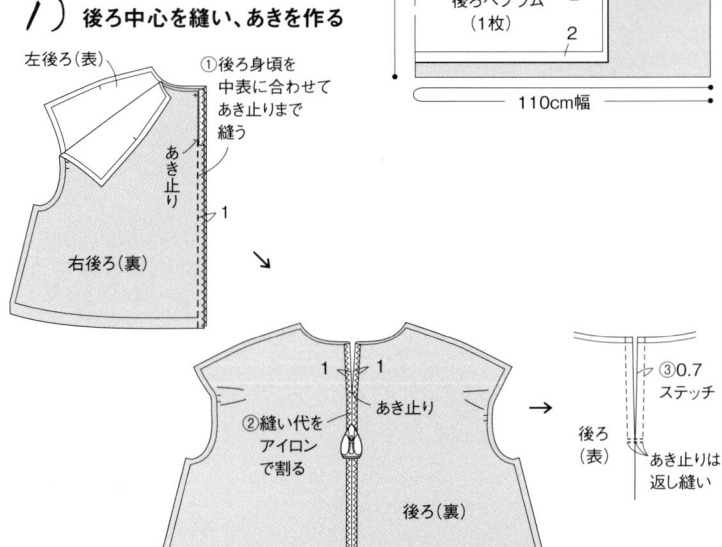

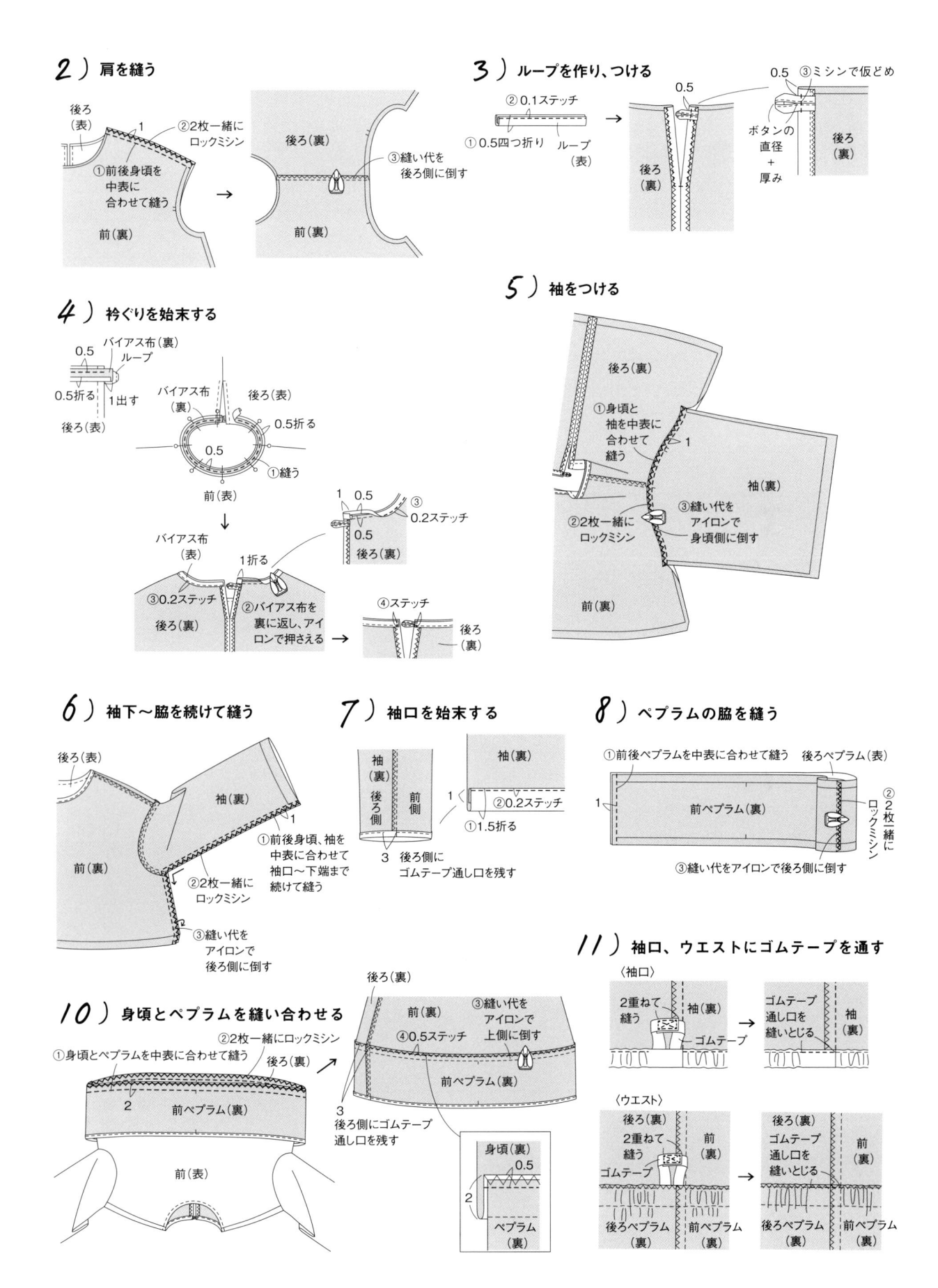

2) 肩を縫う

- 後ろ（表）
- ②2枚一緒にロックミシン
- ①前後身頃を中表に合わせて縫う
- 前（裏）
- 後ろ（裏）
- ③縫い代を後ろ側に倒す
- 前（裏）

3) ループを作り、つける

- ②0.1ステッチ
- ①0.5四つ折り
- ループ（表）
- 0.5
- 後ろ（裏）
- 0.5
- ③ミシンで仮どめ
- ボタンの直径＋厚み
- 後ろ（裏）

4) 衿ぐりを始末する

- 0.5
- バイアス布（裏）
- ループ
- 0.5折る
- 1出す
- 後ろ（表）
- バイアス布（裏）
- 後ろ（表）
- 0.5折る
- 0.5
- ①縫う
- 前（表）
- 1 0.5
- ③
- 0.5
- 0.2ステッチ
- 後ろ（裏）
- バイアス布（表）
- 1折る
- ③0.2ステッチ
- ②バイアス布を裏に返し、アイロンで押さえる
- 後ろ（裏）
- ④ステッチ
- 後ろ（裏）

5) 袖をつける

- 後ろ（裏）
- ①身頃と袖を中表に合わせて縫う
- 1
- 袖（裏）
- ②2枚一緒にロックミシン
- ③縫い代をアイロンで身頃側に倒す
- 前（裏）

6) 袖下〜脇を続けて縫う

- 後ろ（表）
- 袖（裏）
- 1
- 前（裏）
- ①前後身頃、袖を中表に合わせて袖口〜下端まで続けて縫う
- ②2枚一緒にロックミシン
- ③縫い代をアイロンで後ろ側に倒す

7) 袖口を始末する

- 袖（裏）
- 後ろ側
- 前側
- 1
- ②0.2ステッチ
- ①1.5折る
- 3 後ろ側にゴムテープ通し口を残す

8) ペプラムの脇を縫う

- ①前後ペプラムを中表に合わせて縫う
- 後ろペプラム（表）
- 1
- 前ペプラム（裏）
- ②2枚一緒にロックミシン
- ③縫い代をアイロンで後ろ側に倒す

10) 身頃とペプラムを縫い合わせる

- ①身頃とペプラムを中表に合わせて縫う
- ②2枚一緒にロックミシン
- 後ろ（裏）
- 2
- 前ペプラム（裏）
- 前（表）
- 後ろ（裏）
- 前（裏）
- ③縫い代をアイロンで上側に倒す
- ④0.5ステッチ
- 前ペプラム（裏）
- 3 後ろ側にゴムテープ通し口を残す
- 身頃（裏）
- 0.5
- 2
- ペプラム（裏）

11) 袖口、ウエストにゴムテープを通す

〈袖口〉
- 2重ねて縫う
- 袖（裏）
- ゴムテープ
- ゴムテープ通し口を縫いとじる
- 袖（裏）

〈ウエスト〉
- 後ろ（裏）
- 2重ねて縫う
- 前（裏）
- ゴムテープ
- 後ろペプラム（裏）
- 前ペプラム（裏）
- 後ろ（裏）
- ゴムテープ通し口を縫いとじる
- 前（裏）
- 後ろペプラム（裏）
- 前ペプラム（裏）

I
crew neck robe
クルーネックローブ

★★☆　p.12

#出来上り寸法
S＝バスト89cm、着丈108.5cm
M＝バスト93cm、着丈108.5cm
L＝バスト97cm、着丈108.5cm
LL＝バスト101cm、着丈108.5cm

#パターン … 2（表）

#材料
表布　ベルギーリネン（生地の森）＝142cm幅　2m40cm
接着テープ＝0.9cm幅　25cm
ボタン＝直径1.1cmを1個

#裁ち方のポイント
○ 衿ぐりバイアス布、袖ぐりバイアス布、ループ、ひもは裁合せ図に示した寸法で裁断します。

#準備
○ 後ろ身頃のあき部分の縫い代裏に接着テープをはり、後ろ中心の布端をロックミシンで始末します。
○ 身頃脇の縫い代をロックミシンで始末します。

#作り方順序
1) 後ろ中心を縫い、あきを作る。→p.68 1)
2) 肩を縫う。→p.69 2)
3) ループを作り、つける。→p.69 3)
4) 衿ぐりを始末する。→p.69 4)
5) 身頃の脇を縫う。この時、両脇にひも通し口を1.5cm縫い残す。
6) 袖ぐりを始末する。
7) スカートの脇を縫い、裾を始末する。
8) 身頃とスカートを縫い合わせる。
9) ひもを作る。→p.45 6)
10) ひもを通す。ひも通し口から2本のひもを前身頃と後ろ身頃にそれぞれ脇から通す。
11) ボタンをつける。

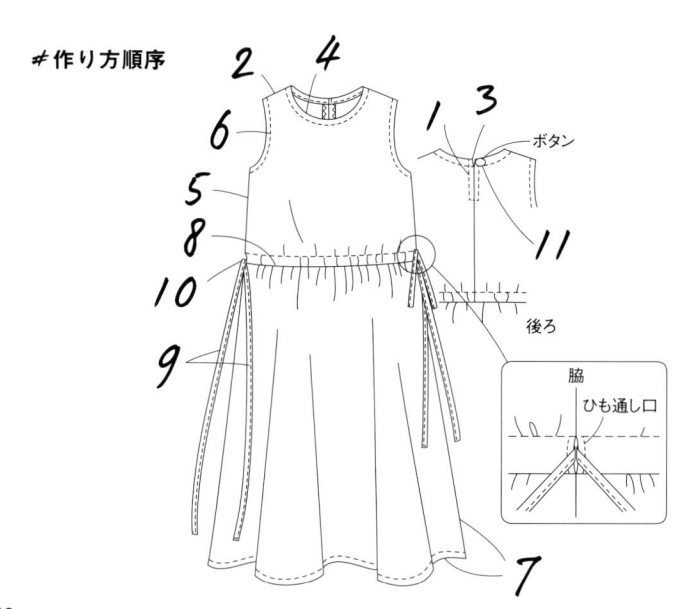

#作り方順序

#裁合せ図

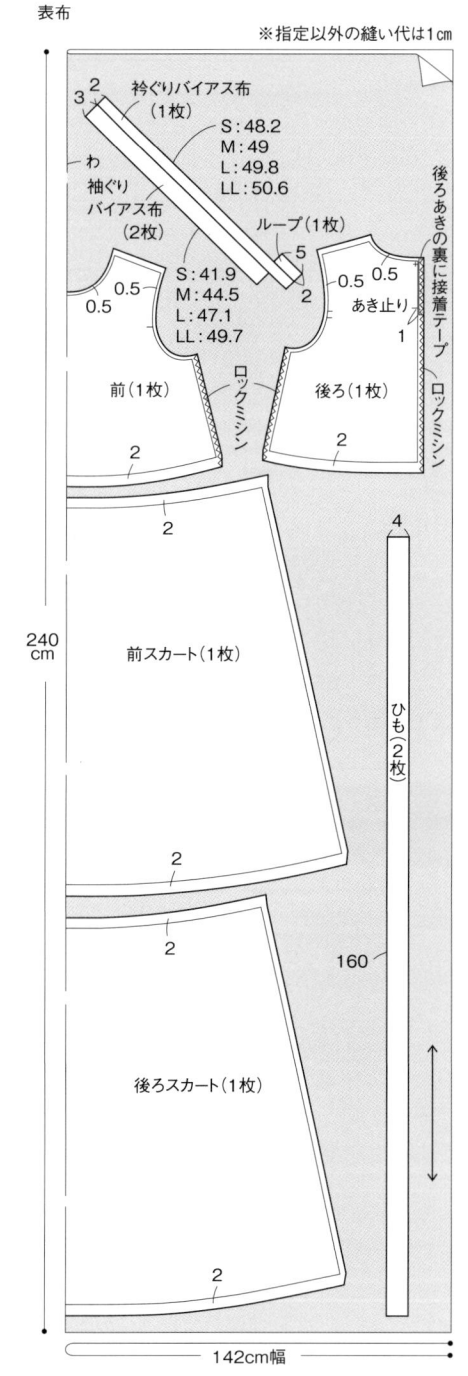

表布

※指定以外の縫い代は1cm

衿ぐりバイアス布（1枚）
S：48.2
M：49
L：49.8
LL：50.6

わ
袖ぐりバイアス布（2枚）

ループ（1枚）

S：41.9
M：44.5
L：47.1
LL：49.7

前（1枚）
後ろ（1枚）

後ろあきの裏に接着テープ

あき止り

ロックミシン

前スカート（1枚）

ひも（2枚）

後ろスカート（1枚）

240cm

160

142cm幅

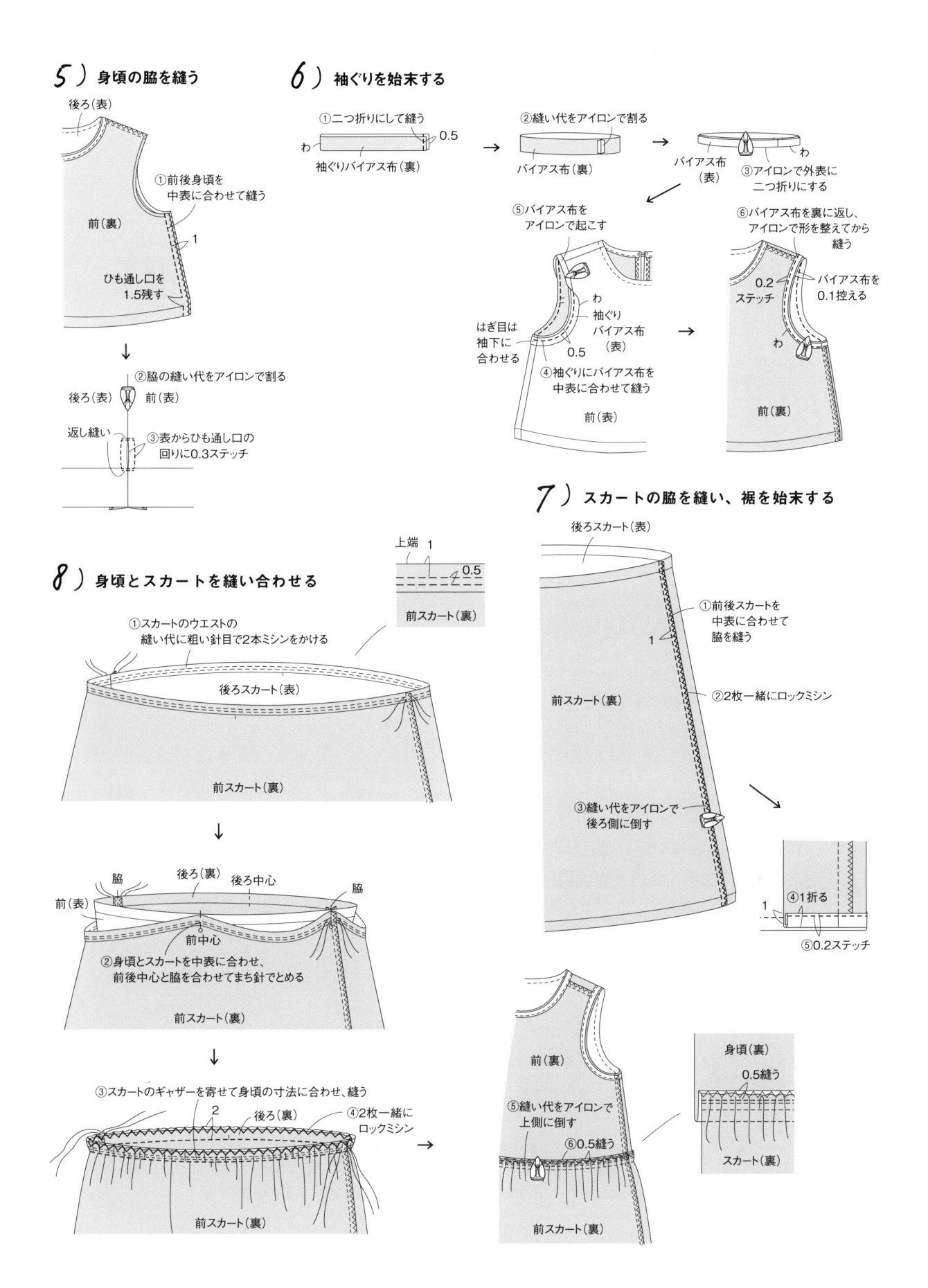

5) 身頃の脇を縫う

- ①前後身頃を中表に合わせて縫う
- ひも通し口を1.5残す
- ②脇の縫い代をアイロンで割る
- 返し縫い
- ③表からひも通し口の回りに0.3ステッチ

6) 袖ぐりを始末する

- ①二つ折りにして縫う　0.5
- 袖ぐりバイアス布(裏)
- ②縫い代をアイロンで割る
- バイアス布(裏)
- ③アイロンで外表に二つ折りにする
- バイアス布(表)　わ
- ⑤バイアス布をアイロンで起こす
- はぎ目は袖下に合わせる
- わ
- 袖ぐりバイアス布(表)　0.5
- ④袖ぐりにバイアス布を中表に合わせて縫う
- 前(表)
- ⑥バイアス布を裏に返し、アイロンで形を整えてから縫う
- 0.2ステッチ
- バイアス布を0.1控える
- わ
- 前(裏)

7) スカートの脇を縫い、裾を始末する

- 後ろスカート(表)
- ①前後スカートを中表に合わせて脇を縫う
- 1
- 前スカート(裏)
- ②2枚一緒にロックミシン
- ③縫い代をアイロンで後ろ側に倒す
- ④1折る
- 1
- ⑤0.2ステッチ

8) 身頃とスカートを縫い合わせる

- 上端　1　0.5
- 前スカート(裏)
- ①スカートのウエストの縫い代に粗い針目で2本ミシンをかける
- 後ろスカート(表)
- 前スカート(裏)
- 脇　後ろ(裏)　後ろ中心　脇
- 前(表)　前中心
- ②身頃とスカートを中表に合わせ、前後中心と脇を合わせてまち針でとめる
- 前スカート(裏)
- ③スカートのギャザーを寄せて身頃の寸法に合わせ、縫う
- 2　後ろ(裏)
- ④2枚一緒にロックミシン
- 前スカート(裏)
- 前(裏)
- ⑤縫い代をアイロンで上側に倒す
- ⑥0.5縫う
- 身頃(裏)
- 0.5縫う
- スカート(裏)

71

Z
long flared coat
ロングフレアコート

★★☆
p.34

出来上り寸法
S＝バスト107cm、袖丈53.7cm、着丈95cm
M＝バスト111cm、袖丈54cm、着丈95cm
L＝バスト115cm、袖丈54.3cm、着丈95cm
LL＝バスト119cm、袖丈54.6cm、着丈95cm

パターン … 1（表）

材料
表布 スタンダードリネン（清原）＝140cm幅 2m70cm
接着テープ＝0.9cm幅 2m80cm（衿ぐり、前端、前ポケット口用）

作り方のポイント
- カジュアルな仕上りにするため、見返しに接着芯をはらず接着テープを使用します。衿もとや前端をきりっとさせたい場合は、見返しを粗裁ちして裏に接着芯をはり、パターンに合わせて裁断します。

準備
- 衿ぐり、前端、前身頃のポケット口の縫い代裏に接着テープをはります。
- 前後身頃の脇、袋布のポケット口の縫い代をロックミシンで始末します。

作り方順序
1) ポケットを作りながら、脇を縫う。
2) 肩を縫う。
3) 見返しの肩を縫う。
4) 前端と衿ぐりを見返しで縫い返す。
5) 裾を始末する。三つ折りにしてステッチをかける。
6) 袖を作る。→p.82 8)
7) 袖をつける。→p.82 9)

作り方順序

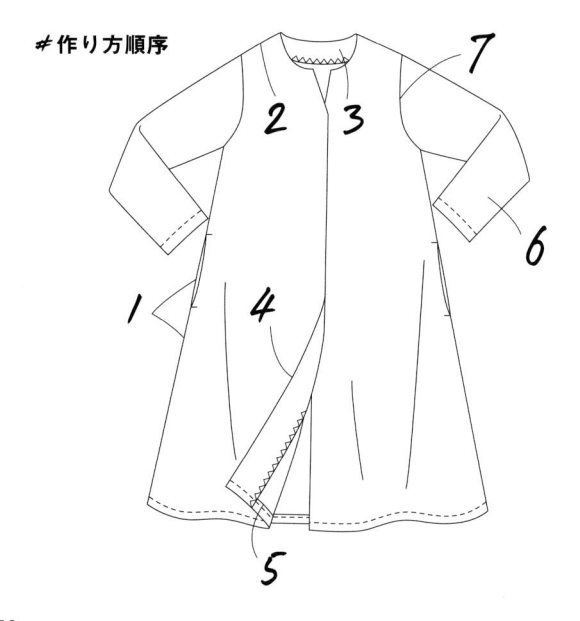

裁合せ図

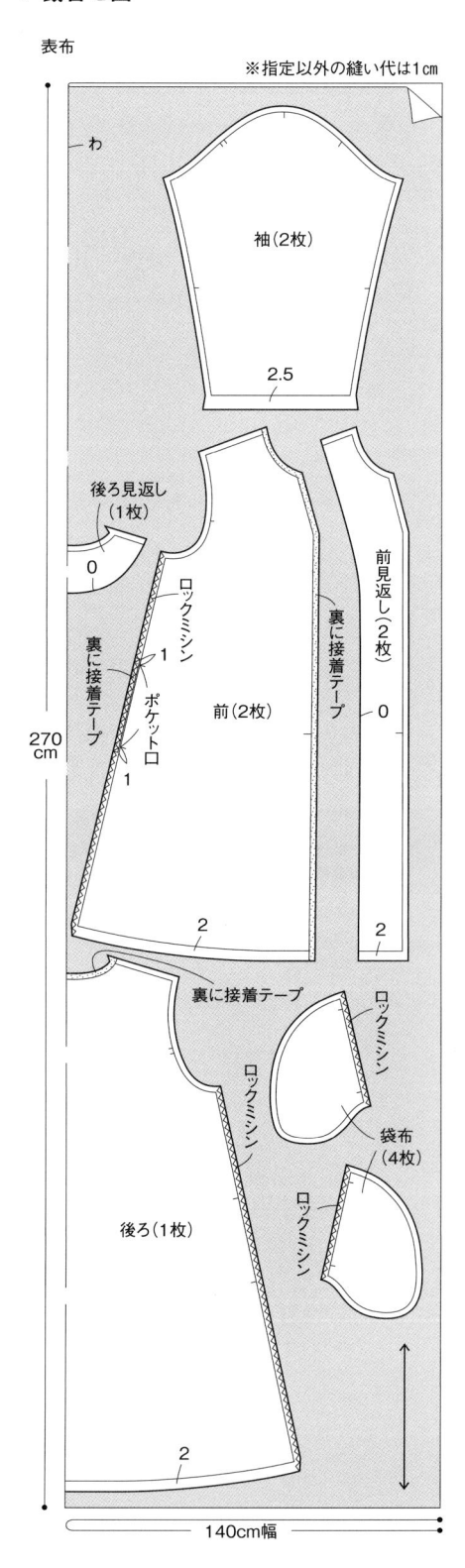

表布

※指定以外の縫い代は1cm

140cm幅
270cm

- わ
- 袖（2枚）
- 2.5
- 後ろ見返し（1枚）
- 0
- 前見返し（2枚）
- ロックミシン
- 裏に接着テープ
- 1
- ポケット口
- 前（2枚）
- 裏に接着テープ
- 0
- 2
- 2
- 裏に接着テープ
- ロックミシン
- ロックミシン
- 袋布（4枚）
- ロックミシン
- 後ろ（1枚）
- 2

1）ポケットを作りながら、脇を縫う

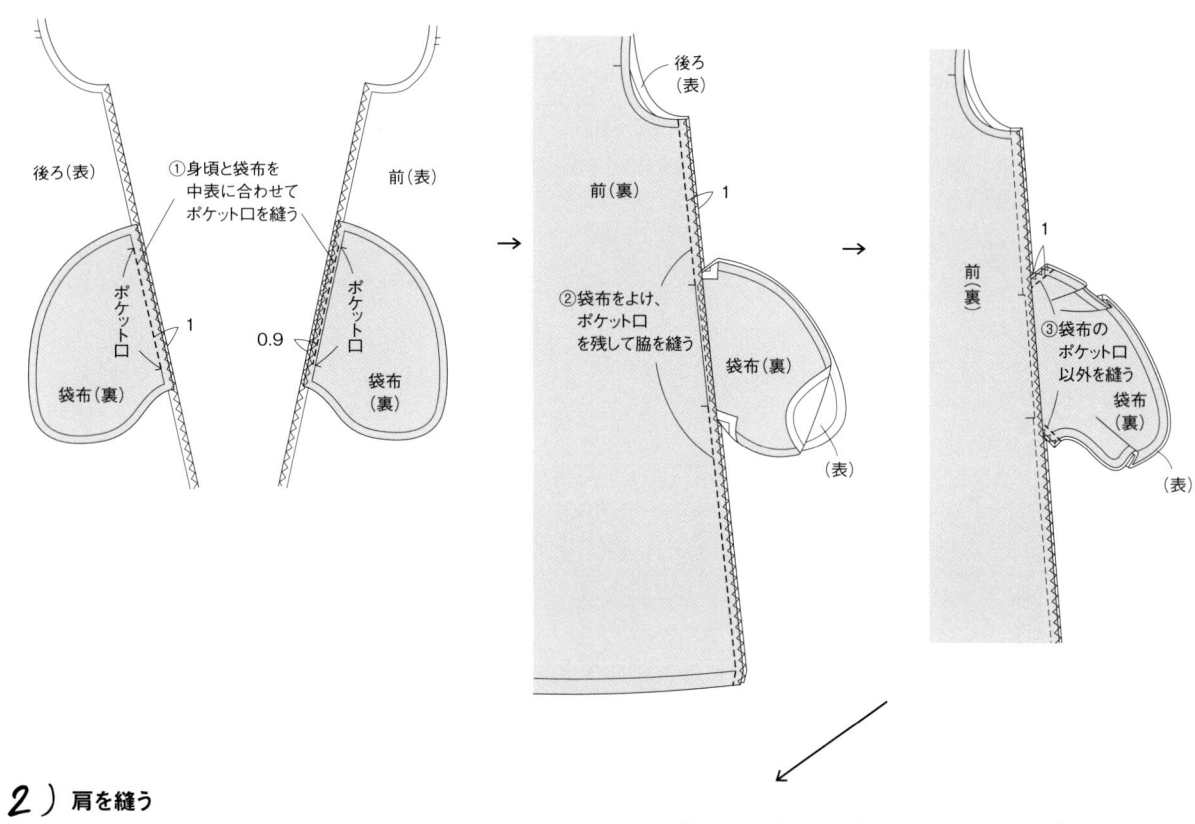

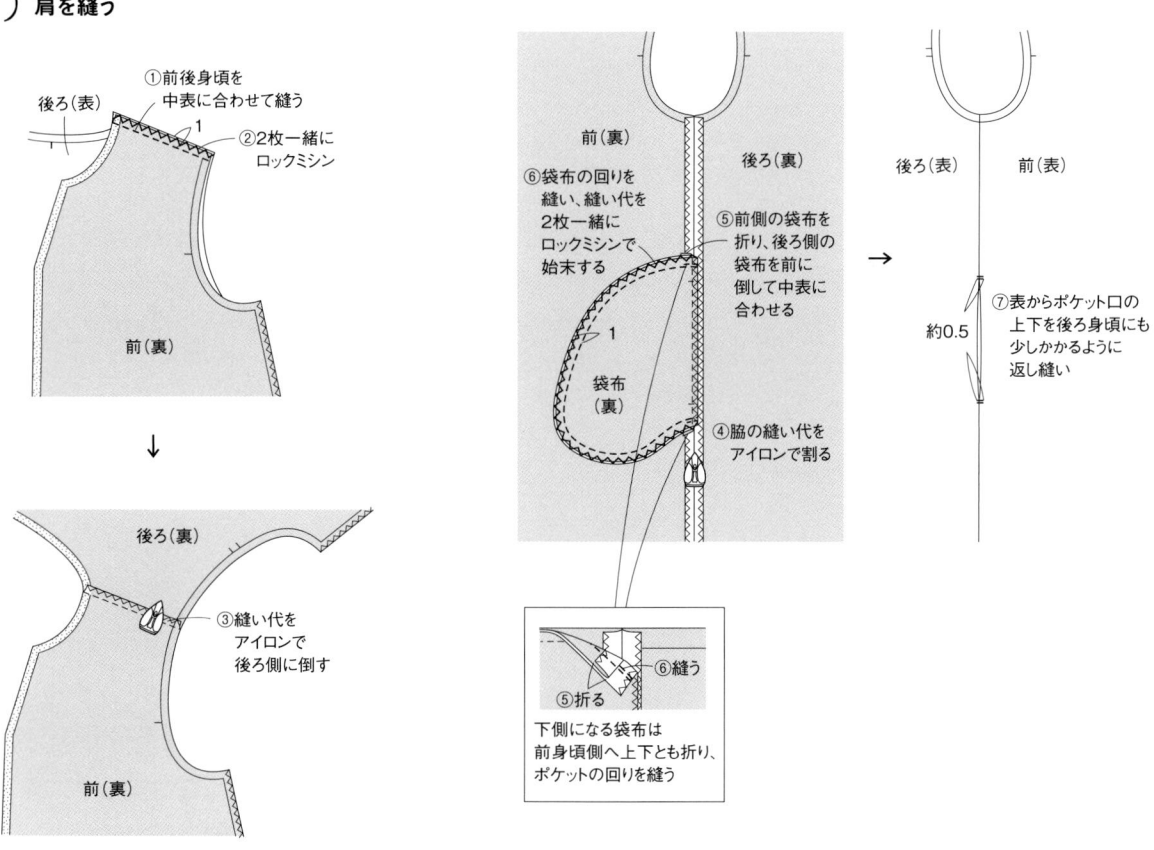

①身頃と袋布を中表に合わせてポケット口を縫う

②袋布をよけ、ポケット口を残して脇を縫う

③袋布のポケット口以外を縫う

④脇の縫い代をアイロンで割る

⑤前側の袋布を折り、後ろ側の袋布を前に倒して中表に合わせる

⑥袋布の回りを縫い、縫い代を2枚一緒にロックミシンで始末する

⑦表からポケット口の上下を後ろ身頃にも少しかかるように返し縫い

約0.5

下側になる袋布は前身頃側へ上下とも折り、ポケットの回りを縫う

⑤折る　⑥縫う

2）肩を縫う

①前後身頃を中表に合わせて縫う

②2枚一緒にロックミシン

③縫い代をアイロンで後ろ側に倒す

3）見返しの肩を縫う

①前後見返しを中表に合わせて縫う

後ろ見返し（表）

前見返し（裏）

↓

②縫い代をアイロンで割る

後ろ見返し（表）

③端をロックミシンで始末する

前見返し（裏）

4）前端と衿ぐりを見返しで縫い返す

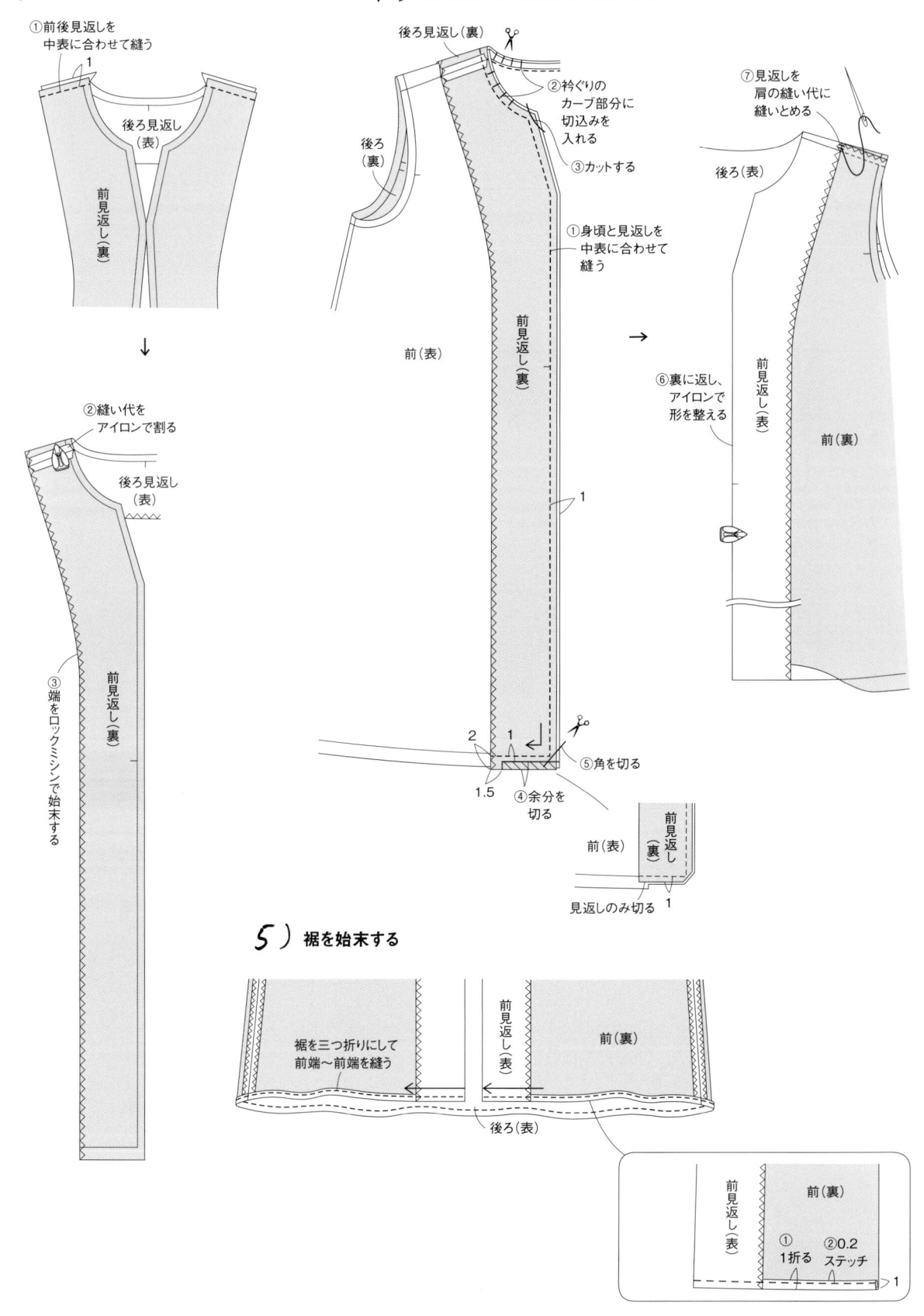

後ろ見返し（裏）

②衿ぐりのカーブ部分に切込みを入れる

③カットする

後ろ（裏）

①身頃と見返しを中表に合わせて縫う

前（表）

前見返し（裏）

⑤角を切る

④余分を切る

前（表）　前見返し（裏）

見返しのみ切る

→

⑦見返しを肩の縫い代に縫いとめる

後ろ（表）

⑥裏に返し、アイロンで形を整える

前見返し（表）

前（裏）

5）裾を始末する

裾を三つ折りにして前端〜前端を縫う

前見返し（表）　前（裏）

後ろ（表）

前見返し（表）　前（裏）

①1折る　②0.2ステッチ

y
hooded coat
フーデッドコート

★★☆
p.32

＃出来上り寸法
- S＝バスト105cm、袖丈53.7cm、着丈65.5cm
- M＝バスト109cm、袖丈54cm、着丈65.5cm
- L＝バスト113cm、袖丈54.3cm、着丈65.5cm
- LL＝バスト117cm、袖丈54.6cm、着丈65.5cm

＃パターン … 1（裏、袖のみ表）

＃材料
- 表布 圧縮ニット（ファブファブリック）＝140cm幅 2m60cm
- 接着テープ＝0.9cm幅 2m20cm
  （前端、前衿ぐり、後ろ肩、後ろ衿ぐり用）
- スナップ＝直径1.6cmを2組み

＃準備
- 前端、前衿ぐり、後ろ肩、後ろ衿ぐりの縫い代裏に接着テープをはります。

＃作り方順序
1) フードを作る。2枚作り、2重仕立てにする。
2) 肩と脇を縫う。
3) フードを、衿ぐりに縫いとめる。
4) 見返しの肩を縫う。
5) 前端と衿ぐりを見返しで縫い返し、裾を始末する。
6) 袖を作る。
7) 袖をつける。→p.82 g)
8) スナップをつける。

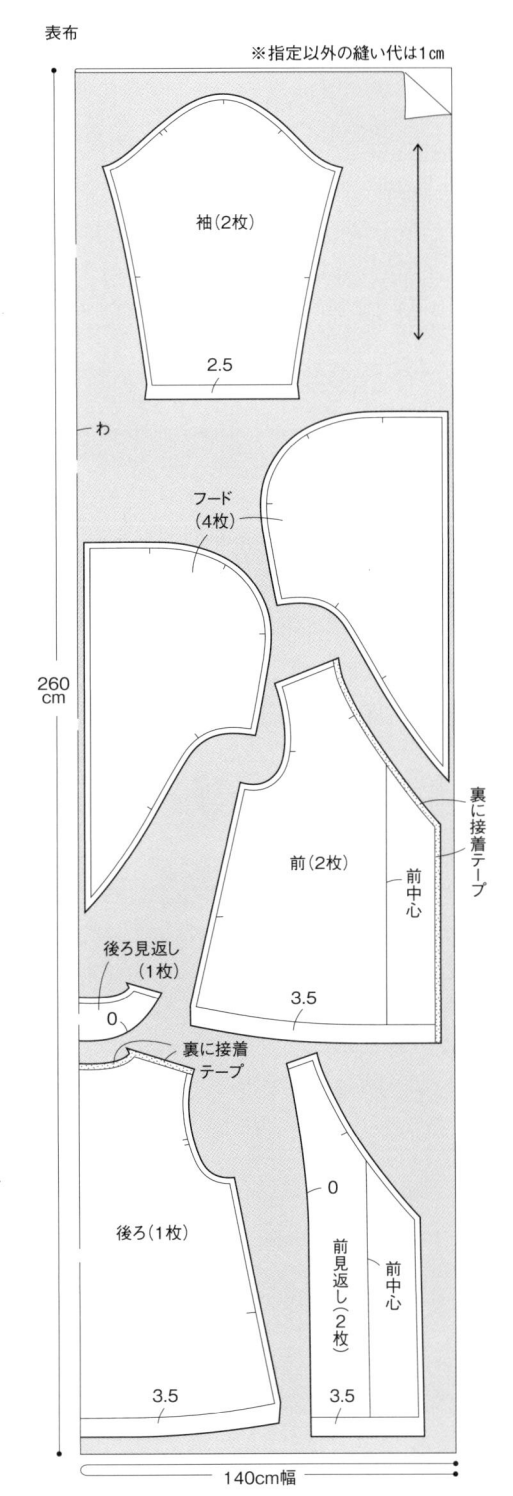

1) フードを作る

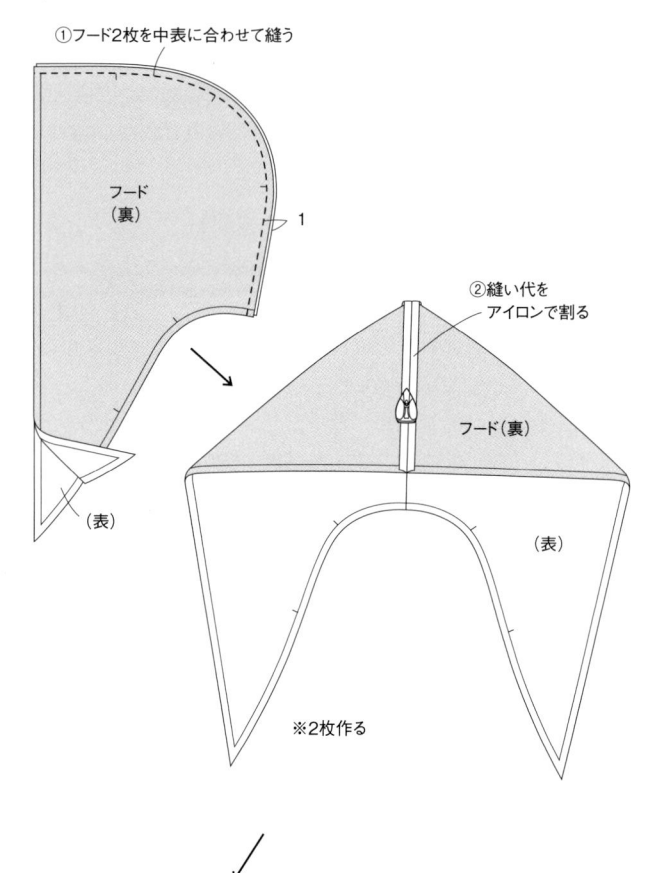

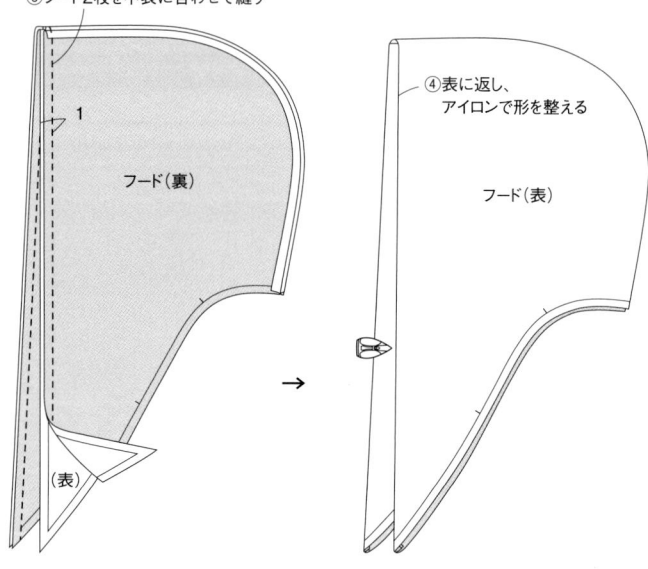

①フード2枚を中表に合わせて縫う

②縫い代をアイロンで割る

フード(裏)
フード(裏)
(表)

※2枚作る

③フード2枚を中表に合わせて縫う

④表に返し、アイロンで形を整える

フード(裏)
フード(表)
(表)

2) 肩と脇を縫う

②2枚一緒にロックミシン

③縫い代をアイロンで後ろ側に倒す

①中表に合わせて縫う

後ろ(表)
前(裏)

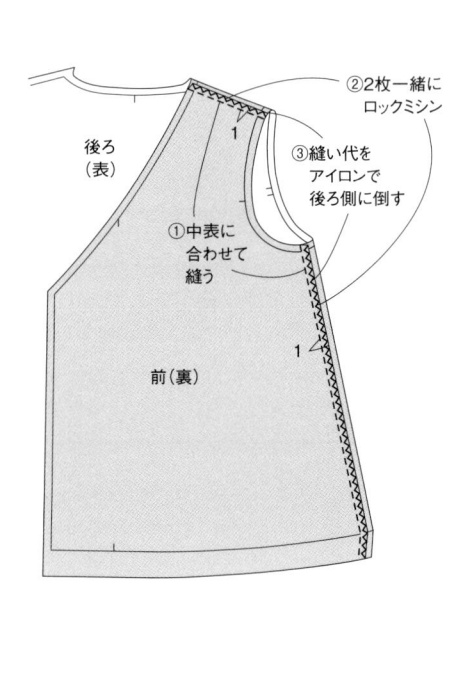

3) フードを2枚重ねて、衿ぐりに縫いとめる

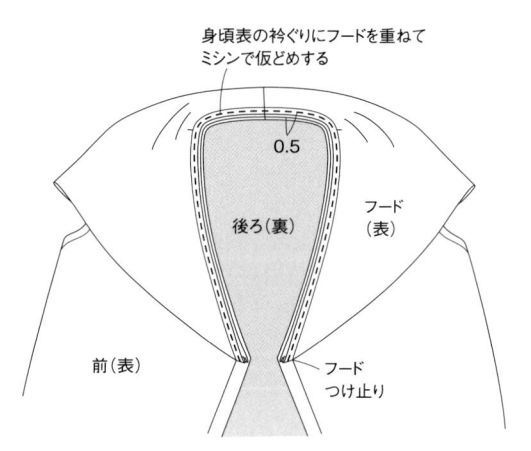

身頃表の衿ぐりにフードを重ねてミシンで仮どめする

0.5

後ろ(裏)
フード(表)
前(表)
フードつけ止り

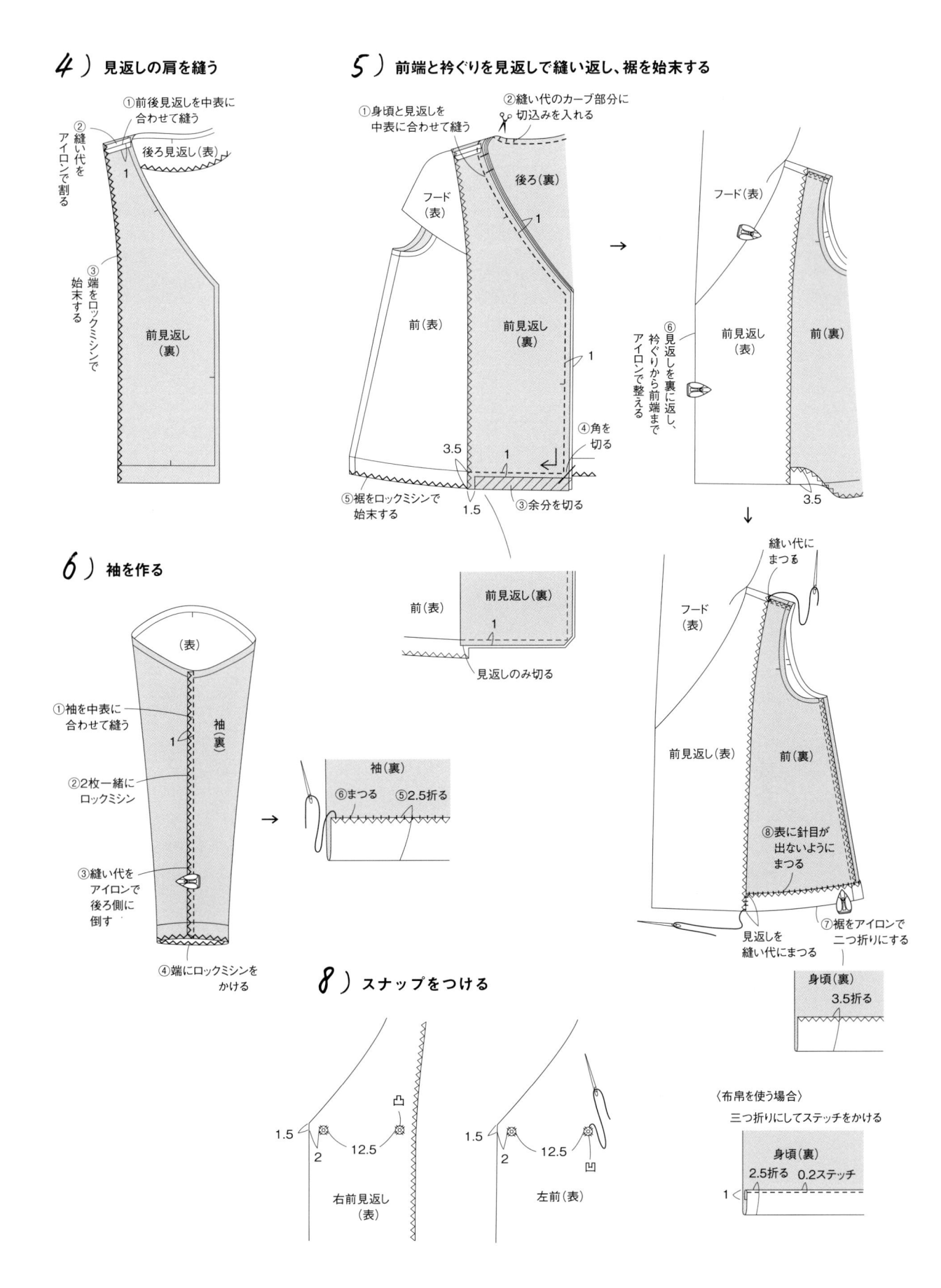

4) 見返しの肩を縫う

- ①前後見返しを中表に合わせて縫う
- ②縫い代をアイロンで割る
- ③端をロックミシンで始末する

後ろ見返し(表)
前見返し(裏)

5) 前端と衿ぐりを見返しで縫い返し、裾を始末する

- ①身頃と見返しを中表に合わせて縫う
- ②縫い代のカーブ部分に切込みを入れる
- ③余分を切る
- ④角を切る
- ⑤裾をロックミシンで始末する
- ⑥見返しを裏に返し、衿ぐりから前端までアイロンで整える

フード(表)
後ろ(裏)
前(表)
前見返し(裏)

3.5　1.5　1

前(表)
前見返し(裏)
見返しのみ切る

フード(表)
前見返し(表)
前(裏)

3.5

- ⑦裾をアイロンで二つ折りにする
- ⑧表に針目が出ないようにまつる
- 縫い代にまつる
- 見返しを縫い代にまつる

身頃(裏)
3.5折る

6) 袖を作る

- ①袖を中表に合わせて縫う
- ②2枚一緒にロックミシン
- ③縫い代をアイロンで後ろ側に倒す
- ④端にロックミシンをかける

袖(裏)

- ⑤2.5折る
- ⑥まつる

8) スナップをつける

右前見返し(表)
1.5　2　12.5　凸

左前(表)
1.5　2　12.5　凹

〈布帛を使う場合〉
三つ折りにしてステッチをかける

身頃(裏)
2.5折る　0.2ステッチ
1

H
frill collar pullover

★★☆
p.11

フリルカラーブルオーバー

≠ 出来上り寸法
- S＝バスト98cm、袖丈16.7cm、着丈61cm
- M＝バスト102cm、袖丈17cm、着丈61cm
- L＝バスト106cm、袖丈17.3cm、着丈61cm
- LL＝バスト110cm、袖丈17.6cm、着丈61cm

≠ パターン … 1（表）

≠ 材料
表布 ベルギーリネンローン（生地の森）＝108cm幅 1m50cm

≠ 裁ち方と作り方のポイント
- 縁とり布、衿ぐりバイアス布は、裁合せ図に示した寸法で裁断します。
- 衿の外回りは裁切りです。ほつれが気になる場合は、布端から0.2cm内側を縫ってから衿をつけます。

≠ 作り方順序
1) 前身頃のスラッシュあきを作る。
2) 後ろ身頃とヨークを縫い合わせる。
3) 前身頃とヨークを縫い合わせる。
4) 衿をつける。
5) 脇を縫う。→p.82 7)
6) 袖を作る。
7) 袖をつける。→p.54 6)
8) 裾を始末する。三つ折りにしてステッチをかける。

≠ 裁合せ図

表布　※指定以外縫い代は1cm

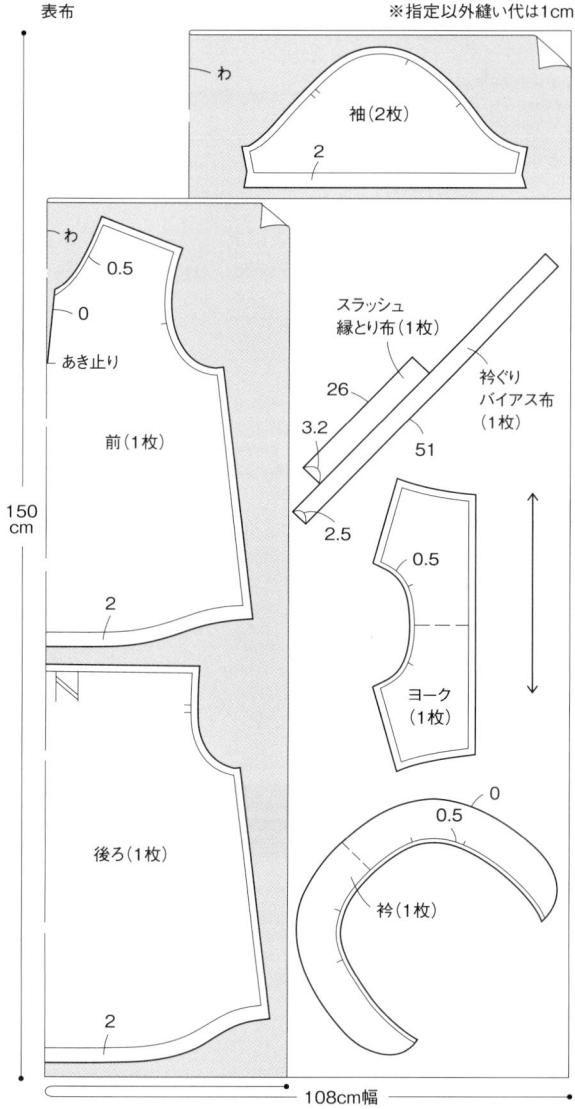

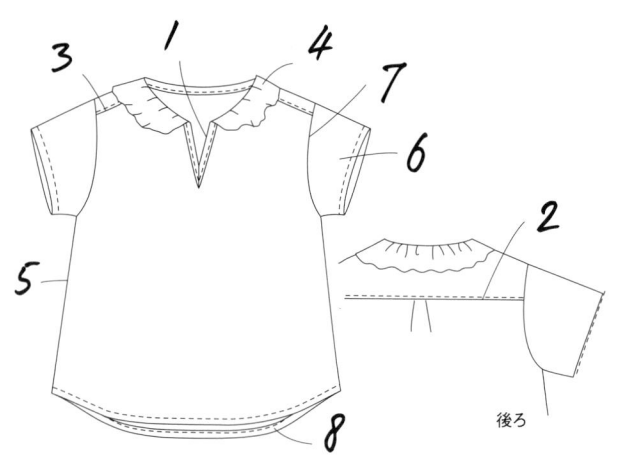

1) 前身頃のスラッシュあきを作る

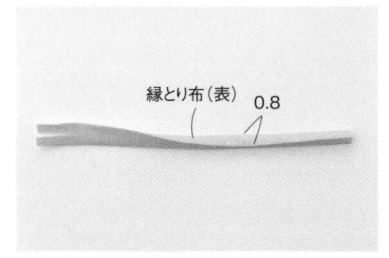

①縁とり布をアイロンで、0.8cm幅の四つ折りにする。

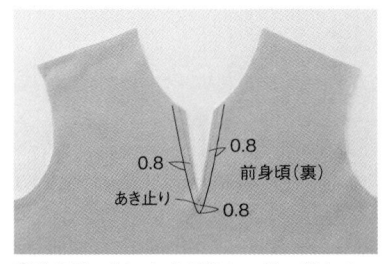

②前身頃の裏のあき部分に、縫い線をチャコペンで引く。

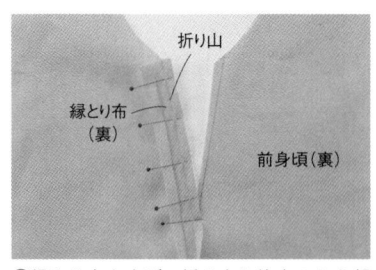

③縁とり布を広げ、折り山と片方のあき部分の縫い線を合わせてまち針でとめる。

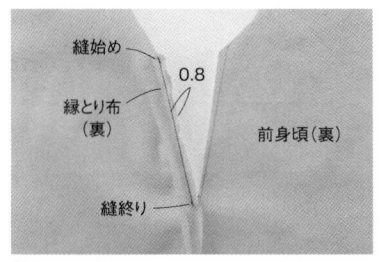

④縁とり布の折り山にそって、衿ぐりからあき部分の先まで縫う。身頃のあき止りの縫い代に0.2cmほど切込みを入れる。

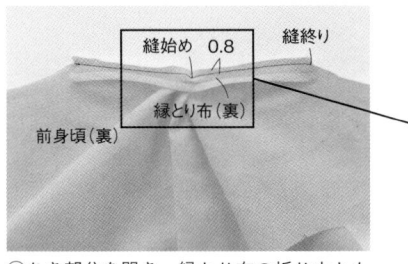

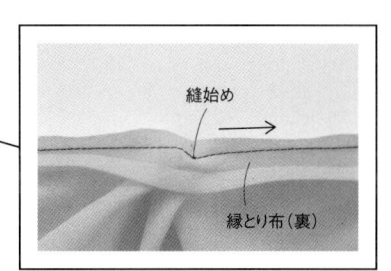

⑤あき部分を開き、縁とり布の折り山ともう片方のあき部分縫い線を合わせてまち針でとめる。あき部分の先の縫止りから、衿ぐりまで縫う。

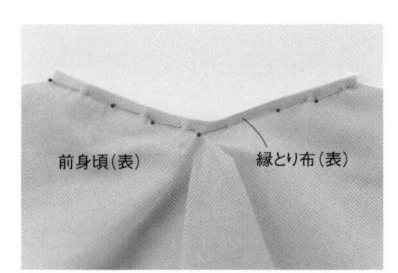

⑥縁とり布を表に返す。縫い目にかぶせながらあき部分の縫い代をくるみ、まち針でとめる。

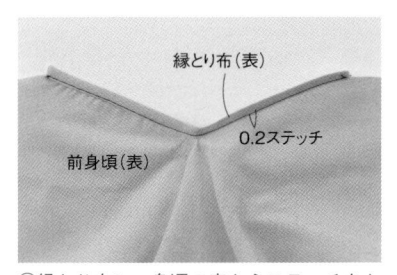

⑦縁とり布に、身頃の表からステッチをかける。

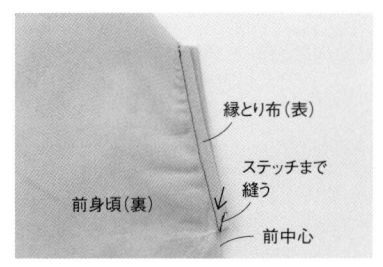

⑧前身頃を前中心で中表に折り、縁とり布の下端をつまんで縫う。

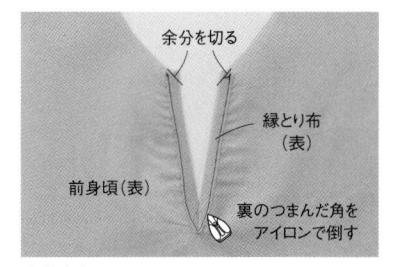

出来上り

2) 後ろ身頃とヨークを縫い合わせる

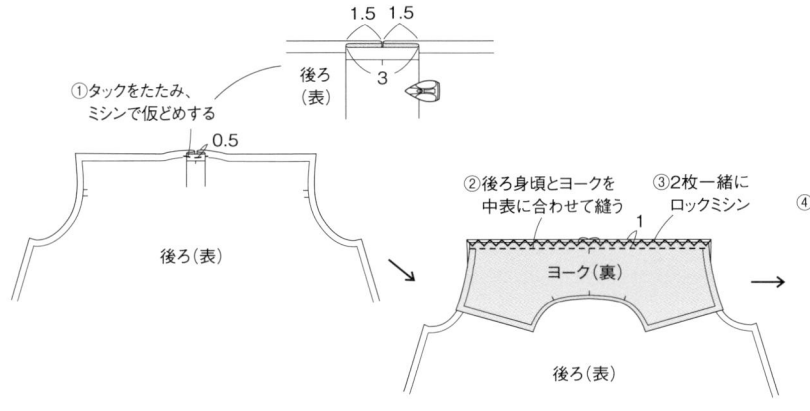

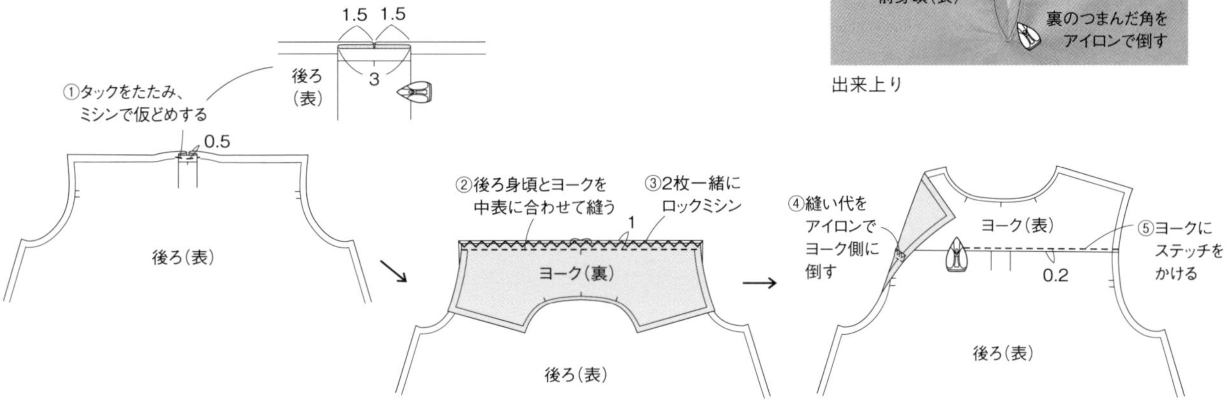

①タックをたたみ、ミシンで仮どめする

②後ろ身頃とヨークを中表に合わせて縫う

③2枚一緒にロックミシン

④縫い代をアイロンでヨーク側に倒す

⑤ヨークにステッチをかける

3）前身頃とヨークを縫い合わせる

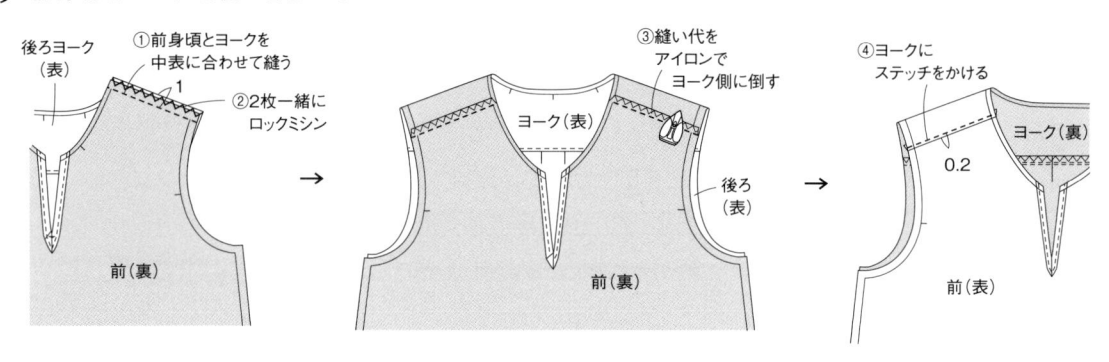

- ①前身頃とヨークを中表に合わせて縫う
- ②2枚一緒にロックミシン
- ③縫い代をアイロンでヨーク側に倒す
- ④ヨークにステッチをかける（0.2）

4）衿をつける

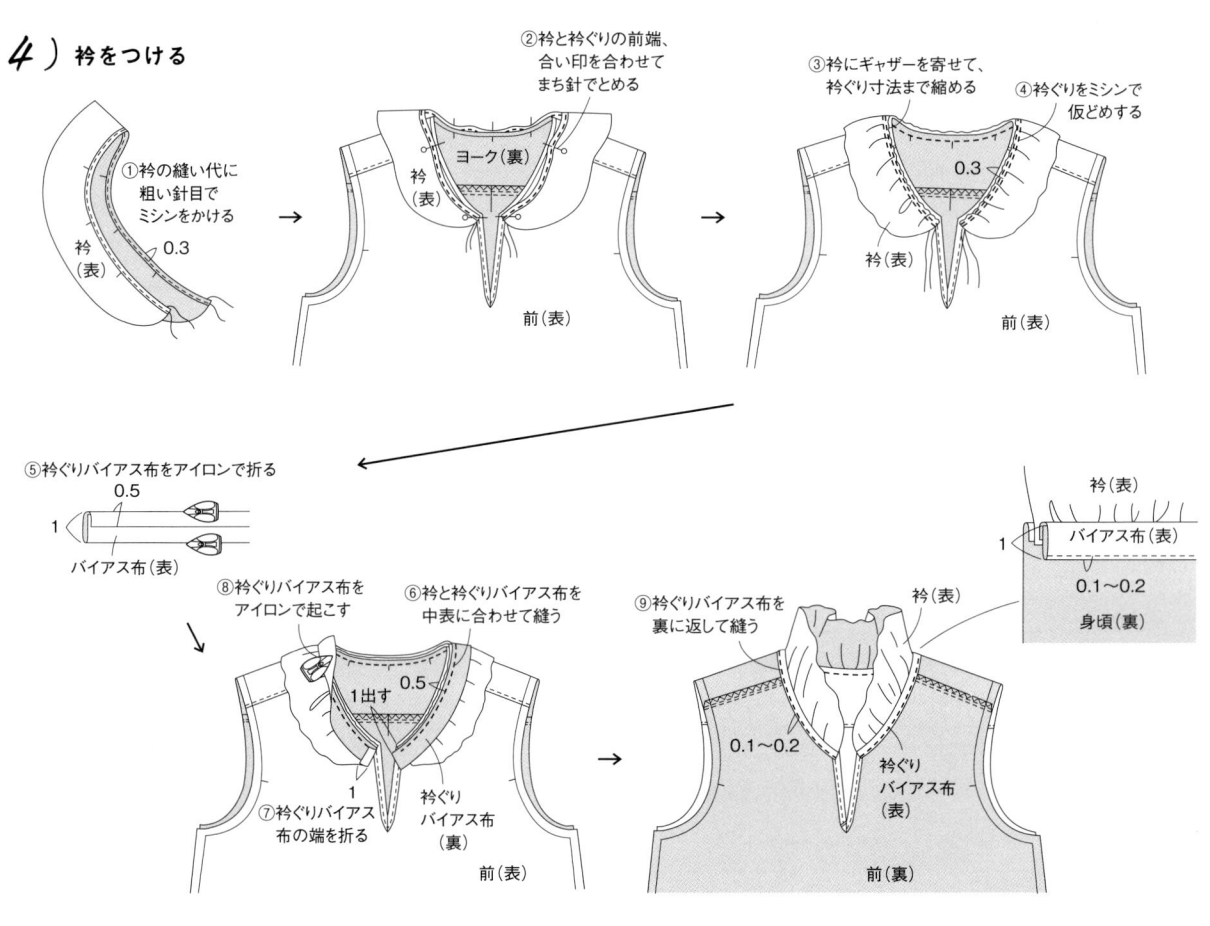

- ①衿の縫い代に粗い針目でミシンをかける（0.3）
- ②衿と衿ぐりの前端、合い印を合わせてまち針でとめる
- ③衿にギャザーを寄せて、衿ぐり寸法まで縮める
- ④衿ぐりをミシンで仮どめする（0.3）
- ⑤衿ぐりバイアス布をアイロンで折る（0.5／1）
- ⑥衿と衿ぐりバイアス布を中表に合わせて縫う（0.5／1出す）
- ⑦衿ぐりバイアス布の端を折る
- ⑧衿ぐりバイアス布をアイロンで起こす
- ⑨衿ぐりバイアス布を裏に返して縫う（0.1〜0.2）

6）袖を作る

- ①中表に合わせて袖下を縫う（1）
- ②2枚一緒にロックミシン
- ③縫い代をアイロンで後ろ側に倒す
- ④1折る
- ⑤0.2ステッチ

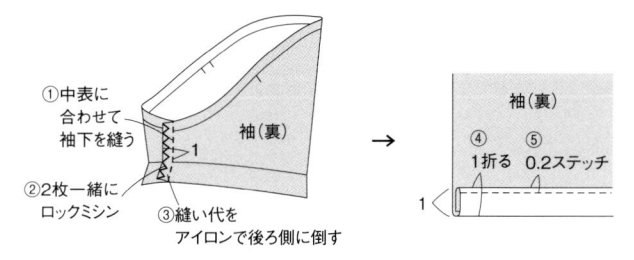

8）裾を始末する

- ①1折る
- ②0.2ステッチ

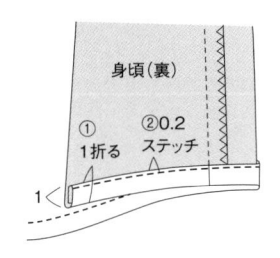

V
tartan tunic
タータンチュニック

★★☆
p.29

出来上り寸法
S＝バスト98cm、袖丈55.7cm、着丈77cm
M＝バスト102cm、袖丈56cm、着丈77cm
L＝バスト106cm、袖丈56.3cm、着丈77cm
LL＝バスト110cm、袖丈56.6cm、着丈77cm

パターン … 1（表）

材料
表布 コットン・リネン（ファブファブリック）＝120cm幅 2m20cm
接着芯＝10×50cm（裏衿用）

裁ち方のポイント
- 身頃は柄合せをします。前身頃と後ろ身頃の脇の袖ぐり下を、同じ柄位置に配置して裁断します。
- 裏衿は粗裁ちして裏に接着芯をはり、パターンに合わせて裁断します。
- 縁とり布は、裁合せ図に示した寸法で裁断します。
- ポケットつけ位置は、チョークペーパーで前身頃の表に角の印をつけます。

作り方順序
1) ポケットを作り、つける。
2) 前身頃のスラッシュあきを作る。→p.79 1)
3) 後ろ身頃とヨークを縫い合わせる。→p.79 2)
4) 前身頃とヨークを縫い合わせる。→p.80 3)
5) 衿を作る。
6) 衿をつける。
7) 脇を縫う。
8) 袖を作る。
9) 袖をつける。
10) 裾を始末する。→p.80 8)

作り方順序

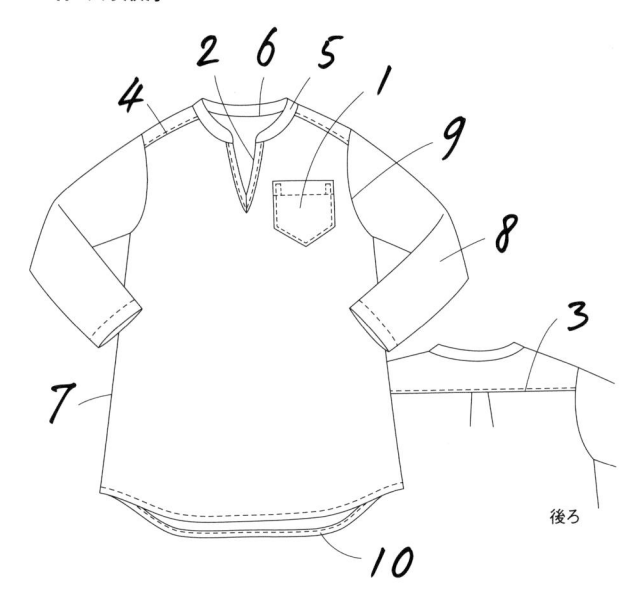

裁合せ図
表布
※指定以外の縫い代は1cm
※★は柄合せの位置

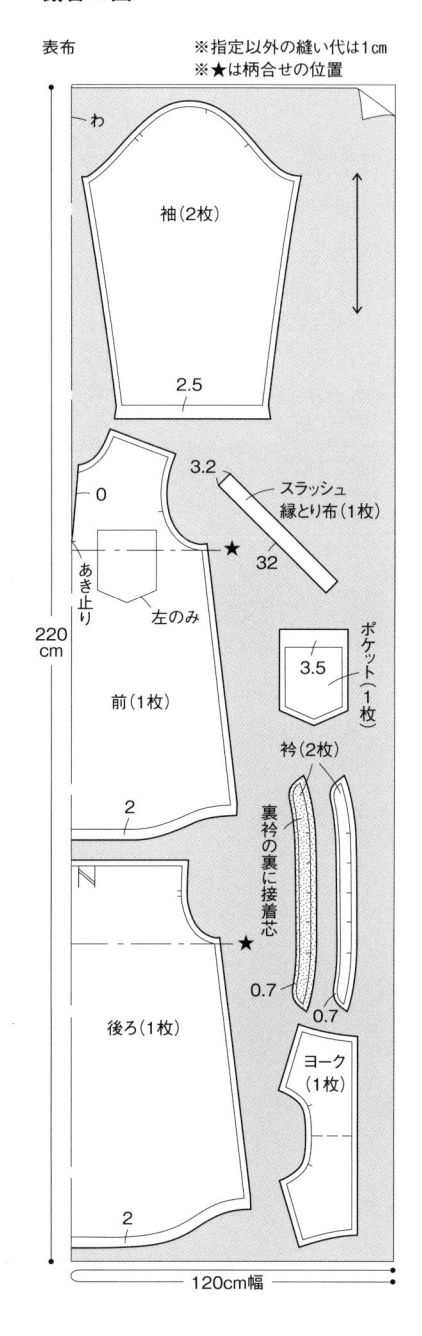

〈柄合せの位置〉
後ろ 前

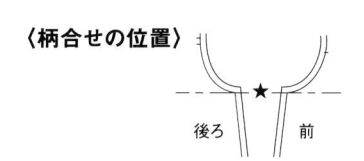

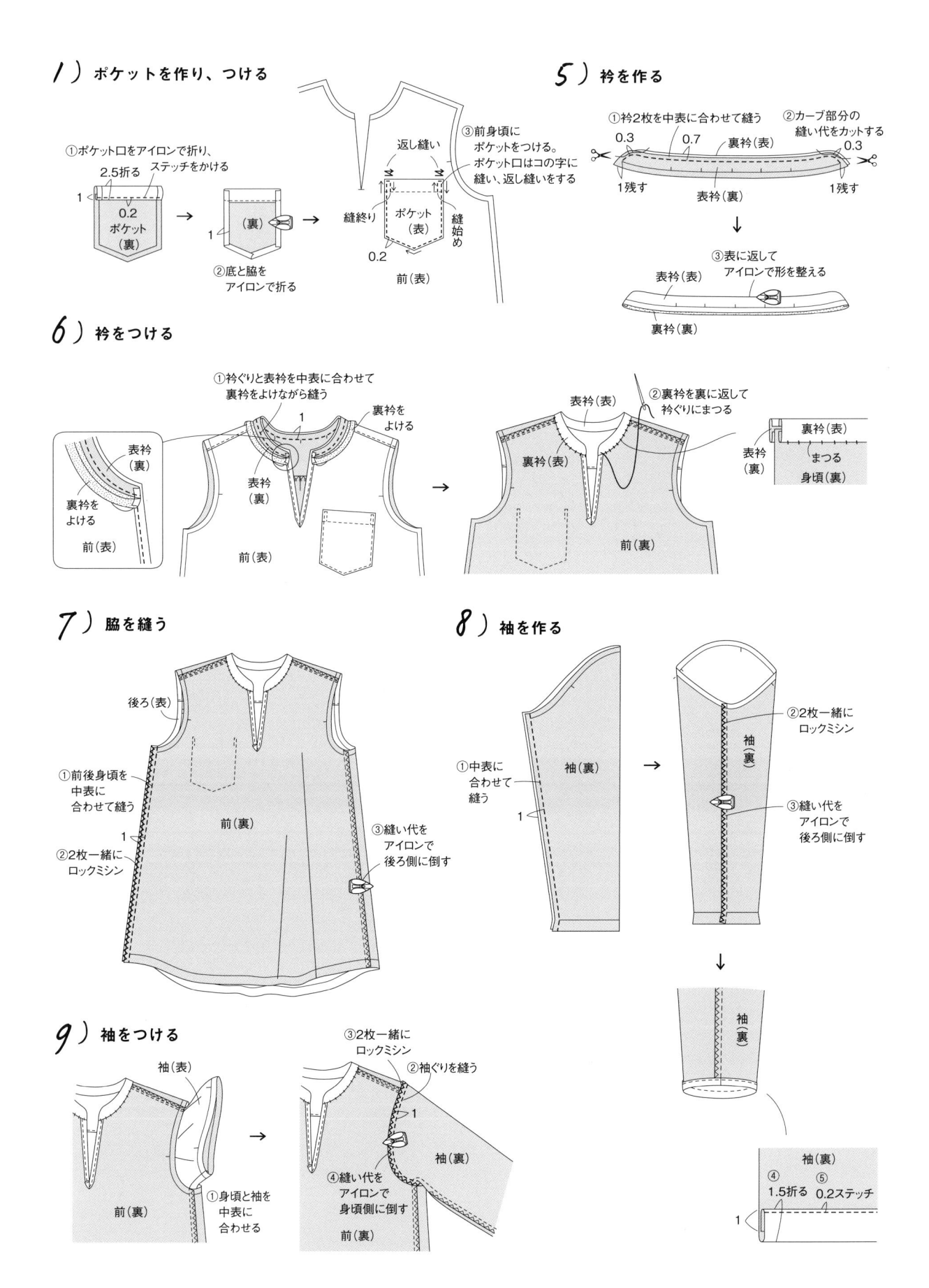

1) ポケットを作り、つける

- ①ポケット口をアイロンで折り、ステッチをかける
- 2.5折る
- 0.2
- ポケット(裏)
- ②底と脇をアイロンで折る
- 返し縫い
- ③前身頃にポケットをつける。ポケット口はコの字に縫い、返し縫いをする
- 縫終り / 縫始め
- ポケット(表)
- 前(表)

5) 衿を作る

- ①衿2枚を中表に合わせて縫う
- ②カーブ部分の縫い代をカットする
- 0.3 / 0.7 / 0.3
- 裏衿(表) / 表衿(裏)
- 1残す / 1残す
- ③表に返してアイロンで形を整える
- 表衿(表) / 裏衿(裏)

6) 衿をつける

- ①衿ぐりと表衿を中表に合わせて裏衿をよけながら縫う
- 表衿(裏) / 裏衿をよける
- 前(表)
- ②裏衿を裏に返して衿ぐりにまつる
- 表衿(表) / 裏衿(表)
- まつる
- 身頃(裏)
- 前(裏)

7) 脇を縫う

- ①前後身頃を中表に合わせて縫う
- ②2枚一緒にロックミシン
- ③縫い代をアイロンで後ろ側に倒す
- 後ろ(表) / 前(裏)

8) 袖を作る

- ①中表に合わせて縫う
- 袖(裏)
- ②2枚一緒にロックミシン
- ③縫い代をアイロンで後ろ側に倒す
- 袖(裏)
- ④1.5折る
- ⑤0.2ステッチ

9) 袖をつける

- ①身頃と袖を中表に合わせる
- 袖(表) / 前(裏)
- ②袖ぐりを縫う
- ③2枚一緒にロックミシン
- ④縫い代をアイロンで身頃側に倒す
- 袖(裏) / 前(裏)

J high waist robe
ハイウエストローブ

★★☆
p.13

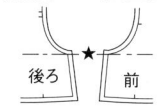

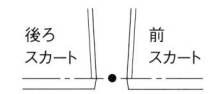

#出来上り寸法
S＝バスト98cm、袖丈55.7cm、着丈102.5cm
M＝バスト102cm、袖丈56cm、着丈102.5cm
L＝バスト106cm、袖丈56.3cm、着丈102.5cm
LL＝バスト110cm、袖丈56.6cm、着丈102.5cm

#パターン … 1（表）

#材料
表布 リネン「よつ葉のクローバー」（ポランカのリネン）
　＝152cm幅 2m30cm
接着芯＝10×50cm（裏衿用）

#裁ち方のポイント
- 身頃、スカートはそれぞれ柄合せをします。前身頃と後ろ身頃の脇の袖ぐり下を、同じ柄位置に配置して裁断します。スカートは、裾を同じ柄位置に配置して裁断します。
- 裏衿は粗裁ちして裏に接着芯をはり、パターンに合わせて裁断します。
- 縁とり布は、裁合せ図に示した寸法で裁断します。

#作り方順序
1) 前身頃のスラッシュあきを作る。→p.79 1)
2) 後ろ身頃とヨークを縫い合わせる。→p.79 2)
3) 前身頃とヨークを縫い合わせる。→p.80 3)
4) 衿を作る。→p.82 5)
5) 衿をつける。→p.82 6)
6) 脇を縫う。→p.82 7)
7) 袖を作る。→p.82 8)
8) 袖をつける。→p.82 9)
9) スカートのタックをたたみ、脇を縫う。
10) 裾を始末する。三つ折りにしてステッチをかける。
11) 前後身頃とスカートを縫い合わせる。

#裁合せ図

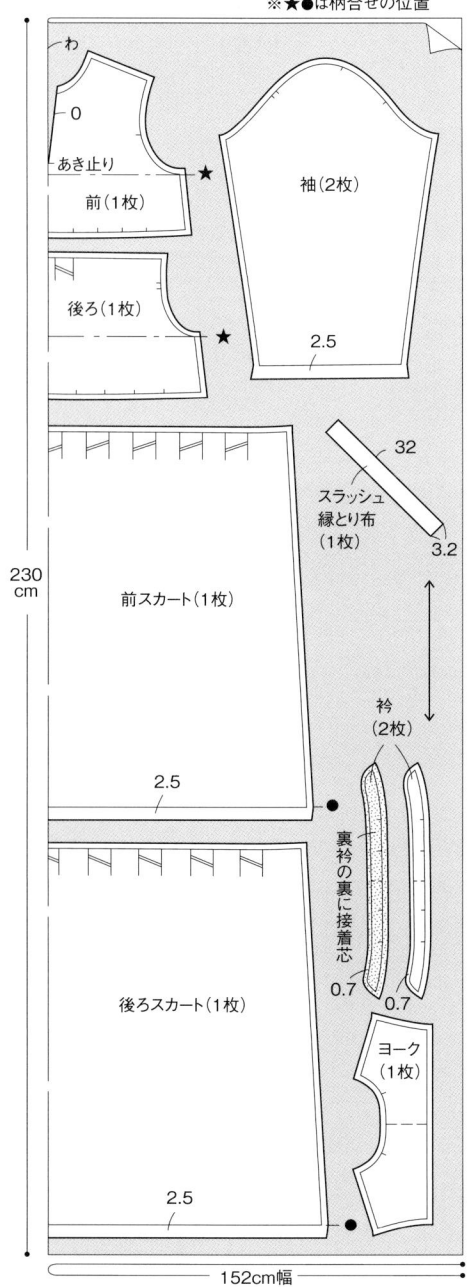

表布
※指定以外の縫い代は1cm
※★●は柄合せの位置

230cm
152cm幅

〈柄合せの位置〉

#作り方順序

9) スカートのタックをたたみ、脇を縫う

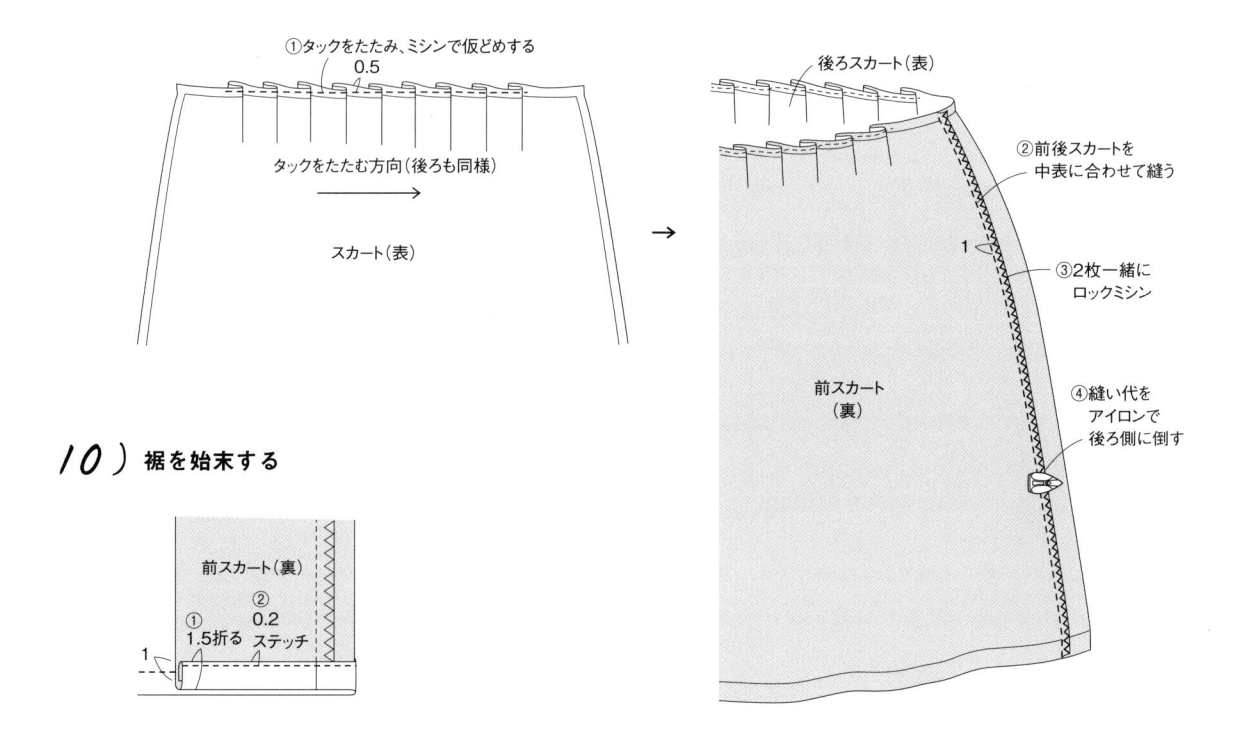

① タックをたたみ、ミシンで仮どめする 0.5
タックをたたむ方向（後ろも同様）
スカート（表）

後ろスカート（表）
② 前後スカートを中表に合わせて縫う
③ 2枚一緒にロックミシン
④ 縫い代をアイロンで後ろ側に倒す
前スカート（裏）

10) 裾を始末する

前スカート（裏）
① 1.5折る
② 0.2 ステッチ

11) 前後身頃とスカートを縫い合わせる

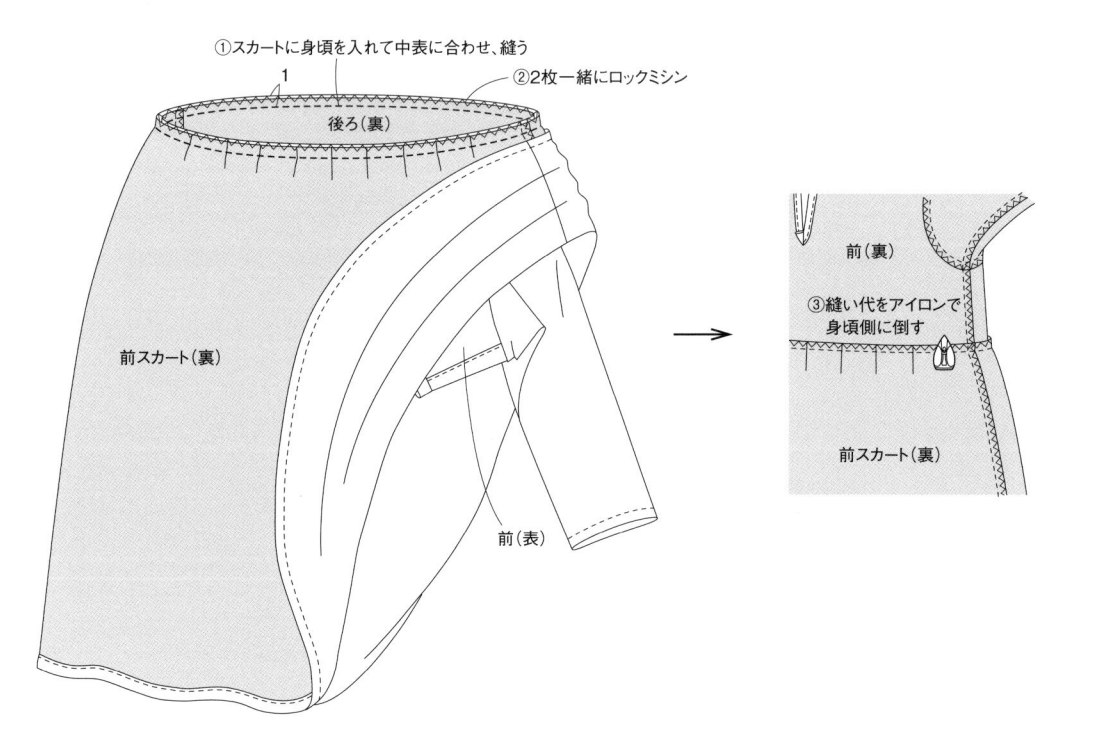

① スカートに身頃を入れて中表に合わせ、縫う
② 2枚一緒にロックミシン
後ろ（裏）
前スカート（裏）
前（表）

前（裏）
③ 縫い代をアイロンで身頃側に倒す
前スカート（裏）

[**材料協力**]

＊オカダヤ新宿本店／東京都新宿区新宿3-23-17
　　tel. 03-3352-5411　　http://www.okadaya.co.jp/shinjuku/
＊生地の森（通販）／http://www.kijinomori.com/
＊清原／大阪市中央区南久宝寺町4-5-2
　　tel. 06-6252-4735　　http://www.kiyohara.co.jp/
＊チェック＆ストライプ自由が丘店／東京都目黒区緑が丘1-24-13-105
　　tel. 03-6421-3200　　http://checkandstripe.com/
＊布もよう／大阪市中央区南船場2-8-7 アーク南船場ビル1F
　　tel. 06-6263-7811　　http://nunomoyo.b-smile.jp/
＊ファブファブリック／福岡市南区長丘5-24-22 長丘EMビル2F
　　tel. 092-552-2323　　http://fab-fabric.com/
＊ポランカのリネン／東京都練馬区関町南4-15-4-203
　　tel. 03-5903-1020　　http://www.rakuten.ne.jp/gold/polanka/

[**衣装協力**]

＊evaloren／tel. 03-3464-1737
　　[p.17 シャツ　p.23 ニット　p.24 スウェットパンツ　p.28 プリントドレス　p.29 パンツ]
＊plus by chausser／tel. 03-3716-2983
　　[p.13、14、17、21、23、29、30、31の靴　p.5、7、8、18、20、24の靴(chausser)]
＊Sashiki／tel. 0467-28-8108
　　[p.5 パナマ帽　p.10 リネンストローハット　p.11 ストローハット　p.29 キャスケット]
＊STUDIO CLIP（トリニティアーツ）／tel. 0120-088-884
　　[p.4 タンクトップ、デニムパンツ　p.6、26 シューズ　p.7 カチューシャ　p.10 スカート
　　p.11 デニムパンツ　p.18 タンクトップ、ペーズリーパンツ　p.22 カットソー　p.25 デニムパンツ　p.28 ターバン　p.32 パンツ　p.34 ニット帽]
＊ハンズ オブ クリエイション／tel. 03-6427-8867
　　[p.12 肩にかけたカーディガン　p.26 ストライプシャツ　p.31 ニットパンツ　p.32 タートルチュニック　p.34 パンツ]
＊ビルケンシュトック原宿／tel. 03-5413-5248
　　[p.25、p.28 サンダル(BIRKENSTOCK)]

大川友美 Tomomi Okawa

文化服装学院アパレルデザイン科卒業。
アパレルメーカーを経て、フリーランスのデザイナーに。
ウェブのパターンショップmaille.(マーユ)では、
「日常を心地よく過ごす服」をテーマに
手作りも多彩なコーディネートも楽しめて、
大切に着続けたいと思えるアイテムを提案している。
http://maille.info/
著書に『シンプルシック』『シンプルワードローブ』
(共に文化出版局)がある。

『シンプルシック
自分が似合うバランスで着る』

『シンプルワードローブ
コーディネートが楽しくなる服』

ブックデザイン … knoma
撮影 … 有泉伸一郎(SPUTNIK)〈モデル〉
　　　安田如水(文化出版局)〈静物〉
スタイリスト … 串尾広枝
ヘア＆メーク … 廣瀬瑠美
モデル … 珠里亜、田中シェン
イラスト … はまだなぎさ
本文デジタルトレース … 薄井年夫、しかのるーむ(p.35)
パターン製作協力 … 鈴木朋子
パタントレース … アズワン(白井史子)
パターングレーディング … 上野和博
校閲 … 向井雅子
作り方編集 … 髙井法子
編集 … 田中 薫(文化出版局)

Clean and Natural
いつもの服、きれいな服

2014年3月23日　第1刷発行
2019年12月10日　第11刷発行
著　者　大川友美
発行者　濱田勝宏
発行所　学校法人文化学園 文化出版局
　　　　〒151-8524　東京都渋谷区代々木3-22-1
　　　　電話 03-3299-2485(編集)
　　　　　　 03-3299-2540(営業)
印刷・製本所　株式会社文化カラー印刷

Ⓒ Tomomi Okawa 2014　Printed in Japan
本書の写真、カット及び内容の無断転載を禁じます。

・本書のコピー、スキャン、デジタル化等の無断複製は著作権法上での例外を除き、
　禁じられています。本書を代行業者等の第三者に依頼してスキャンやデジタル化することは、
　たとえ個人や家庭内での利用でも著作権法違反になります。
・本書で紹介した作品の全部または一部を商品化、複製頒布、
　及びコンクールなどの応募作品として出品することは禁じられています。
・撮影状況や印刷により、作品の色は実物と多少異なる場合があります。ご了承ください。

文化出版局のホームページ　http://books.bunka.ac.jp/